我爱你，中国

中国榜样

聂震宁　主编

刘卓艺　范文一　李晨珠　编著

时代出版传媒股份有限公司
安徽少年儿童出版社

图书在版编目（CIP）数据

我爱你，中国·中国榜样 / 聂震宁主编；刘卓艺，范文一，李晨珠编著. — 合肥：安徽少年儿童出版社，2019.6

ISBN 978-7-5707-0462-0

Ⅰ.①我… Ⅱ.①聂… ②刘… ③范… ④李… Ⅲ.①人物－先进事迹－中国－现代－青少年读物 Ⅳ.①K820.7-49

中国版本图书馆CIP数据核字（2019）第091213号

WO AI NI ZHONGGUO ZHONGGUO BANGYANG
我爱你，中国·中国榜样

聂震宁 主编
刘卓艺 范文一 李晨珠 编著

出 版 人：徐凤梅	策划统筹：李 琳 黄 馨	责任编辑：黄 馨 郝雅琴	特约编辑：孙 莉
装帧设计：高高国际	责任校对：江 伟	责任印制：郭 玲	

出版发行 时代出版传媒股份有限公司　http://www.press-mart.com
　　　　　安徽少年儿童出版社　E-mail：ahse1984@163.com
　　　　　新浪官方微博：http://weibo.com/ahsecbs
　　　　　（安徽省合肥市翡翠路1118号出版传媒广场　邮政编码：230071）
　　　　　出版部电话：（0551）63533536（办公室）　63533533（传真）
　　　　　（如发现印装质量问题，影响阅读，请与本社出版部联系调换）

印　　制	北京盛通印刷股份有限公司		
开　　本	787 mm×1092 mm　1/16	印张：8	字数：106千字
版　　次	2019年6月第1版		2019年6月第1次印刷

ISBN 978-7-5707-0462-0　　　　　　　　　　　　　　　定价：25.00元

版权所有，侵权必究

前 言

聂震宁

为了庆祝五四运动100周年、新中国成立70周年、中国共产党成立100周年，我们专门为广大少年儿童读者编写了"我爱你，中国"这套书。我们希望，在这些重要时刻，当广大少年儿童在五星红旗下和花团锦簇中齐声高唱国歌的时候，要让他们通过阅读，真切地了解祖国的伟大之处，从而从心底里为美丽的祖国感到骄傲、自豪。这就是我们编写这套书的初衷。

我们知道，关于伟大祖国的图书已经出版过很多，这些图书生动记述了悠久辉煌的中华民族历史，充分展示了数不胜数的中华文化瑰宝，精彩描绘了奇伟秀丽的中华大地山川，激情书写了灿若群星的中华英才俊杰。这些图书，让广大少年儿童学到了丰富的知识，对伟大的祖国充满感情。可是，在中国特色社会主义进入新时代之后，我们还特别希望广大少年儿童能认识到，近代以来久经磨难的中华民族迎来了从站起来、富起来到强起来的伟大飞跃，迎来了实现中华民族伟大复兴的光明前景。相信广大少年儿童在了解了这些每一个中国人都应该了解的知识之后，会加深对祖国的认识和理解，会更加热爱自己的祖国。

为了这一目的，这套书一共收入了《闪闪红星》《春天故事》《昂首东方》和《中国榜样》四本书。

《闪闪红星》一书讲述近代以来久经磨难的中华民族怎样"站起来"

的故事。从五四运动前后讲起，讲述了中国共产党怎样诞生，又是怎样经过艰苦卓绝的斗争建立了新中国，一直讲到五星红旗插上世界屋脊，中国人在国际社会上终于站了起来。

《春天故事》一书讲述新中国成立后中国人民怎样"富起来"的故事。从新中国成立初期的国民经济窘境讲起，讲述了新中国经济建设是怎样起步和探索寻路的，又是怎样开启了改革开放的伟大进程，充分讲述了改革开放40年来取得的伟大成就，一直讲到走进创造美好生活的新时代。

《昂首东方》一书全面讲述新中国正在"强起来"的故事。"强起来"的故事不仅在于以"天眼""蛟龙"为代表的超级工程，也不仅在于举世瞩目的航天探月和航母扬威，还在于社会公平正义，在于教育改革及其带来的多样化发展、环境保护及取得的显著性进步、大国外交及全球化视野……昂首东方的新中国是全面深化改革、满足人民日益增长的美好生活需要的新时代中国。

《中国榜样》一书讲述新中国成立70年以来涌现出来的一大批杰出人物的故事。从情系祖国的数学大师华罗庚、"一人抵过五个师"的科学家钱学森，讲到"隐姓埋名的两弹元勋"邓稼先，讲到农民改革家吴仁宝，讲到雷锋，一直讲到郎平、马化腾、文花枝等，为广大少年儿童生动展现了值得他们认真学习的"中国榜样"。

　　亲爱的少年儿童读者们，我们相信，通过阅读这套书，你们一定会更加为新中国自豪、骄傲，会更加热爱新时代、珍惜新时代，在新时代茁壮成长、努力奋进！

目 录

情系祖国的数学大师——**华罗庚** / 001

一人抵过五个师——**钱学森** / 005

"四有干部"——**谷文昌** / 009

吹响改革开放第一声号角的人——**袁庚** / 013

为官从政的精神标杆——**焦裕禄** / 017

"青山处处埋忠骨"——**毛岸英** / 021

"铁人"耀中华——**王进喜** / 025

隐姓埋名的"两弹元勋"——**邓稼先** / 029

农民改革家——**吴仁宝** / 033

一辈子学做教师——**于漪** / 037

颠覆饥饿的"当代神农"——**袁隆平** / 041

改革先锋"厉股份"——**厉以宁** / 045

萃青蒿精华,救万千生命——**屠呦呦** / 049

芝麻小官,"小巷总理"——**谭竹青** / 053

敢于担当的"义乌之父"——**谢高华** / 057

我爱你，中国

"敦煌女儿"——樊锦诗 / 061

"只做平凡事，历史色长新"——雷锋 / 065

"把自己当泥土吧！让众人把你踩成路"——孔繁森 / 069

老百姓的"孝子"和"慈父"——邱娥国 / 073

"一个有出息的工人"——包起帆 / 077

"维护公平正义之心永不退休"——张飚 / 081

库尔班的办学梦——库尔班·尼亚孜 / 085

太行山上新"愚公"——李保国 / 089

"铁榔头"拼出中国气概——郎平 / 093

"得罪很多人"的女纪委书记——王瑛 / 097

巾帼神警——任长霞 / 101

"活着的王成"——韦昌进 / 105

少年筑梦，三度飞天——景海鹏 / 109

少年偶像"小马哥"——马化腾 / 113

"我是导游，先救游客"——文花枝 / 117

情系祖国的数学大师——华罗庚

"华罗庚是中国的爱因斯坦，足以成为全世界所有著名科学院的院士。"

华罗庚，1910年出生于江苏省常州市金坛区（原金坛县），中国解析数论和矩阵几何学的创始人，在函数方面的研究贡献也属于开拓者级别，曾被西半球最大的科学博物馆芝加哥科学与工业博物馆列为当今世界88位数学伟人之一。作为当代自学成才的科学巨匠和誉满中外的著名数学家，华罗庚先生一生致力于数学科学的研究和开拓奠基，并以科学家的博大胸怀提携后进、培养人才，以强烈的责任感投身于科普和应用数学推广，为数学科学事业的发展做出了卓越贡献。

华罗庚小时候家里非常贫穷。初中毕业后，家里实在穷得交不起学费，华罗庚只好退学回家帮父亲照看杂货铺。这也是为什么他一生只有初中文凭的原因。但出于对数学的强烈兴趣，不甘就此失去学习机会的华罗庚在辍学之后依然坚持自学，有时为了解出一道题，他甚至到了茶不思饭不想的地步。

白天，他在店里帮助父亲招呼顾客，顾客走了，他就继续埋头苦读。有时候实在太专注，客人来了他都不知道。炎炎夏日里，他忍受着炎热和蚊虫叮咬，汗流浃背也不会偷懒乘凉；寒冷的冬天，他手指冻僵也不放弃计算。逢年过节，别人都去走亲访友，他却在家里埋头看书。为此，华罗庚还得了个"罗呆子"的外号。

日子一长，父亲自然很生气，就要把他的练习和草稿纸撕掉，每当这个时候，华罗庚总会像护宝贝一样护着这些东西。就这样，五年时间里，他竟然自学完了从高中到大学的全部数学课程。

1928年，华罗庚不幸染上伤寒，后来虽勉强保住性命，他的左腿却也因此残疾，成了跛子。但即便如此，他也从未放弃自学，还发表论文专著，引起了当时的数学泰斗熊庆来的关注，被介绍到了清华大学工作。

1931年，华罗庚在清华大学数学系担任助理，1933年被破格提升为助教，1934年9月又被提升为讲师。1935年，数学家诺伯特·维纳访问中国，他注意到华罗庚的潜质，向当时英国著名的数学家哈代极力推荐，于是华罗庚得以前往英国剑桥大学求学两年。1937年，学成归国的华罗庚继续回到清华大学执教。在此之后的几年间，他发表了大量学术论文，其中一篇关于高斯的论文更是让他从此站上世界数学界的巅峰。

1946年，华罗庚受邀到美国普利斯顿高等研究院访问，深受当地学术界追捧；1948年，伊利诺依大学更是以一万美元的年薪，与他签订了终身教授聘约。久经国内战乱折磨的华罗庚一家，生活总算得到改善，物质条件得到很大满足。

但签约没多久，新中国成立了。华罗庚毅然决然地放弃了在国外功成名就的社会地位和家人刚刚安定的优裕生活，选择了回国——没有任何东西能阻止他回到故土，为全新的祖国贡献所学的热切期望始终在他的心中激荡。1950年2月，华罗庚冲破重重封锁，回到了祖国。途经香港时，他写了一封《告留美同学的公开信》，表明了自己的真实心境："锦城虽乐，不如回故乡；梁园虽好，非久留之地。归去来兮。"

回国后的华罗庚曾先后担任清华大学数学系主任、中国科学院数学研究所所长、中国科学技术大学副校长兼数学系主任等职，从此把自己毕生的心血都投入到发展祖国的数学科学这一事业中。作为在世界上最有影响力的中国数学家之一，国际数学科研领域通用的"华氏定理""华

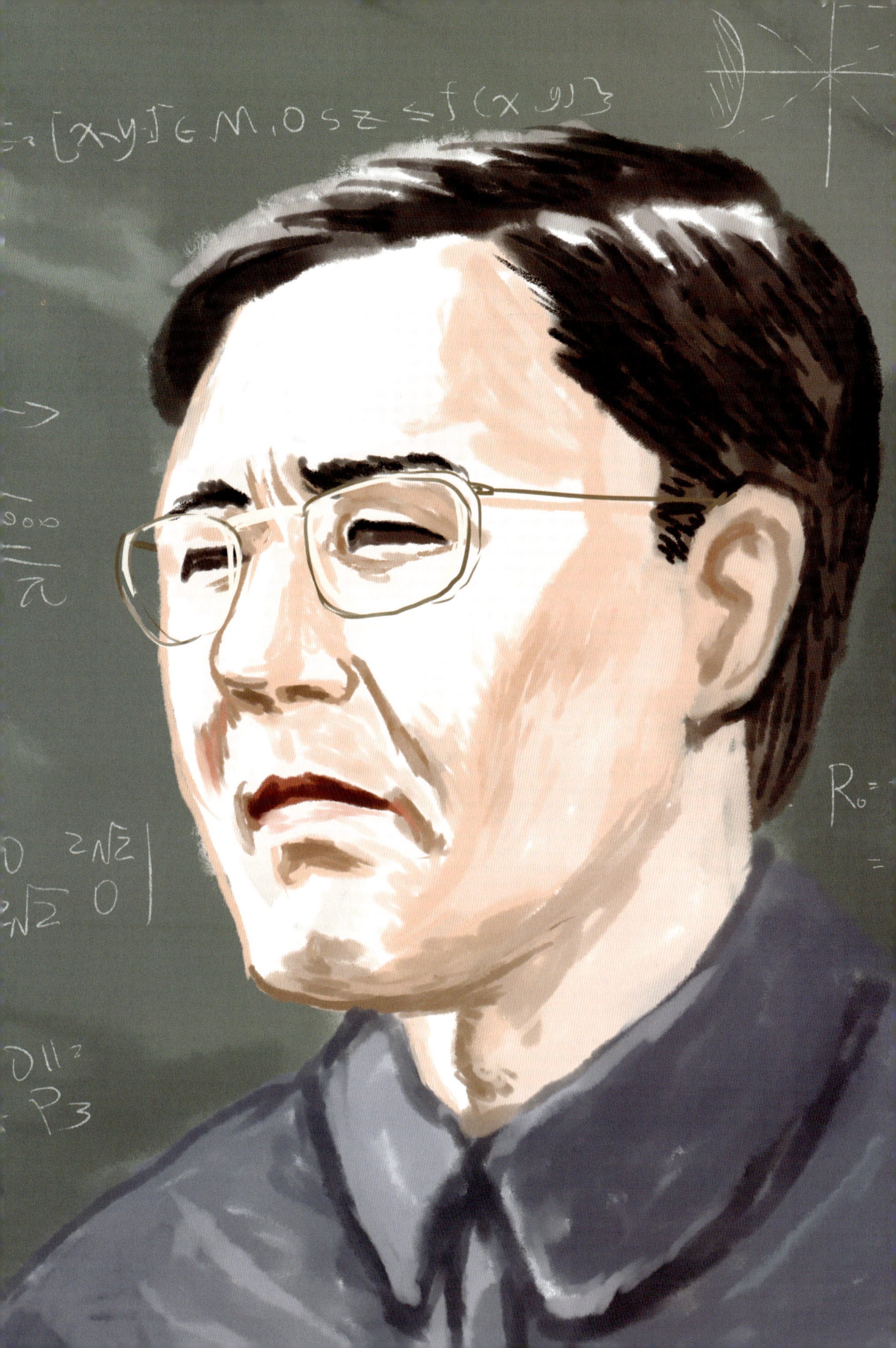

氏不等式""华—王方法"等研究成果都是以华罗庚的姓氏命名，成就了中国数学的辉煌。更值得一提的是，我们熟知的大数学家陈景润，是他的得意弟子。

1985年6月12日，华罗庚在东京大学演讲时，因突发急性心肌梗死，不幸逝世。为了纪念、缅怀他，1986年，"华罗庚金杯"少年数学邀请赛创立，激励一代又一代的青少年像华罗庚一样从小热爱科学、刻苦学习，长大用所学知识成就自己、报效国家。

美国著名数学史学家贝特曼说："华罗庚是中国的爱因斯坦，足以成为全世界所有著名科学院的院士。"如今，在华罗庚的家乡——江苏省常州市金坛区，华罗庚纪念馆每天接待着来自全球各地的数不清的参观者，并已成为江苏省爱国主义教育基地。像华罗庚那样爱国、敬业的科学家们，不仅不会被后人淡忘，反而会越来越受到人们的怀念和敬仰。

一人抵过五个师——钱学森

钱学森是当代青少年非常熟悉的世界级著名科学家、中国载人航天奠基人,也是"中国导弹之父""中国航天之父"和"火箭之王"。

钱学森,1911年出生于上海,是当代青少年非常熟悉的著名科学家、中国载人航天奠基人,也是"中国导弹之父""中国航天之父"和"火箭之王"。

钱学森出生的年代,恰逢中国巨变连连、内忧外患。他的青少年时光,可谓是在动荡和战乱中度过的。

1947年,刚刚36岁的钱学森被美国麻省理工学院聘为终身教授。在此之前,他已经先后在美国获航空工程硕士学位和航空、数学博士学位。麻省理工学院的终身教授是一项很高的荣誉,它不仅预示着优厚的待遇和远大的前程,更意味着拥有最好的科研环境和研究团队。当时,在航空科学方面最权威的专家冯·卡门的指导下,美国在火箭研究方面取得重大进展,为世界反法西斯战争的胜利做出了突出贡献。而钱学森恰恰是冯·卡门教授最看重的弟子之一。

当钱学森得知新中国成立的消息后,便一心想要尽快回到祖国。他对在美国的中国留学生说:"我是中国人,我的根在中国。我能够放下在美国的一切,但不能放下祖国。新中国已经成立了,急需建设人才,我们要赶快把学到的知识用到祖国的建设中去。"然而,作为"在美国处于领导地位的第一位火箭专家",钱学森想回国是难上加难。甚至钱学森准

备回中国的消息刚传出，就引起了美国的恐慌。

当时的美国政府认为，钱学森的专业技术如果被带回去，中国的科学技术将会赶超美国。美国海军军官曾对美国负责出境的官员说："我宁可把钱学森枪毙了，也不让他离开美国！""钱学森至少值5个师的兵力！"

于是，钱学森的回国计划受到严重阻挠。美国发布官方文件通知他，不准离开美国。他的行李已经装上了驳船，准备由水路运回祖国，可美国海关硬说他准备带回国的书籍和笔记本中藏有重要机密，说他是"间谍"。其实，这些书籍和笔记本除了一些公开的教科书，其余都是钱学森自己的学术研究记录。美国官方甚至以"半软禁"的形式限制他的行动，监视和检查他的信件、电话等。尽管如此，钱学森想要回国的心愿仍然十分强烈。他不断向美国提出严肃要求："我一定要回到祖国去！"

在随后的五年中，为争取回国，钱学森与美国政府进行了坚持不懈的斗争，并且得到了世界各国广大正义人士的支持，更得到了中国政府的关怀。周恩来总理曾亲自指示参加中美两国大使会谈的中国代表，在谈话中要提出放钱学森博士归国的要求。1955年8月，这场历时5年的外交斗争终于取得了胜利，美国政府被迫同意钱学森回到中国。

兜兜转转数年，从被强行扣留到最终回到祖国怀抱，钱学森复杂、感慨的心情可想而知。到达北京的第二天清晨，钱学森就和妻子带着两个孩子来到了天安门广场。他激动地表示："我相信我一定能回到祖国。亲爱的祖国，我回来了！"

钱学森回国后，马上一头扎进各项工作中。他倾其所学，又紧密关注国外科学动态，不断推出科研新成果，尽智竭力，为中国的火箭研发做出了巨大贡献。中国第一颗原子弹爆炸成功、中国第一颗氢弹空爆试验成功、中国第一颗人造卫星发射成功，其中都凝聚着钱学森不可估量也不可或缺的付出。有人说，由于钱学森回国效力，中国导弹、原子弹的发射向前推进了至少 20 年。

除了"两弹一星"之外，钱学森还在物理力学、应用力学、系统科学和工程控制论等研究领域贡献卓著，并且培养了一大批航天科技人才。这些人才在中国航天军事科技的发展过程中发挥了极其重要的作用。

2009 年 10 月 31 日，98 岁的钱学森与世长辞，他身后留下的不仅有无可估量的科学技术遗产，更有一种永远垂范后世的科学工作者的样板精神，那就是执着奋斗、精忠报国！恰如麻省理工学院史蒂夫教授所言："钱学森在美国的成绩很好，但不足以令人折服。他对中华人民共和国的贡献才真正了不起。"

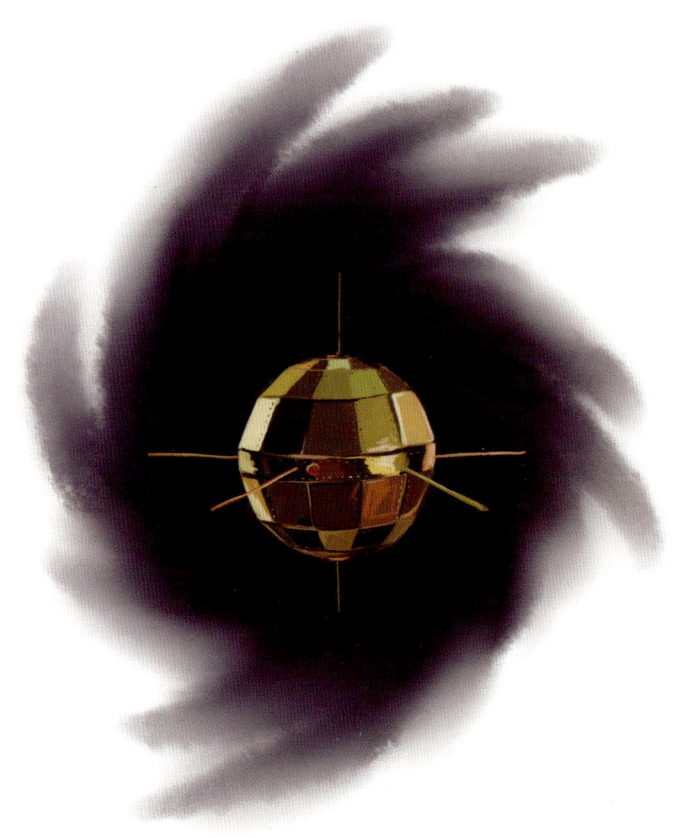

"四有干部"——谷文昌

"谷文昌之所以一直受到广大干部群众的敬仰，是因为他在任时不追求轰轰烈烈的'显绩'，而是默默无闻地奉献，带领当地干部群众，通过十几年的努力，在沿海建成了一道惠及子孙后代的防护林，在老百姓心中树起了一座不朽的丰碑。这种'潜绩'，是最大的'显绩'。"

谷文昌，一个听起来并不耳熟的名字，却是个值得被记住的名字。从福建到浙江，再到中南海，习近平总书记曾多次提到过谷文昌。他虽然只是个普通人，却"在老百姓心中树起了一座不朽的丰碑"，是位"心中有党、心中有民、心中有责、心中有戒"的当之无愧的"四有干部"。

1915年，谷文昌出生于河南省林州市石板岩镇郭家庄南湾村，早在抗日战争和解放战争时期就为新中国的成立舍生忘死地英勇奋战过。1949年初，中共河南省林县县委组织干部随军南下。当时很多干部都希望在家乡工作，不愿南下。但谷文昌不仅自己带头报名，还积极动员其他人报名，尽管当时他的母亲已经60余岁了。

到达福建后，谷文昌服从组织安排，去了漳州市东山县工作。东山县其实是一个岛，岛上经常风沙肆虐，气候条件很恶劣，而且当地人的方言很不好懂，很多人都不愿意去。但谷文昌第一个举手说："作为一名共产党员，党说要去哪里，就去哪里。"

新中国刚成立时，东山岛上森林覆盖率仅0.12%，岛上不仅难以保障正常生活，还经常爆发天花、眼病等疾病，许多人不得不逃到外地去当苦力、当乞丐。谷文昌来到东山后，看到这一切，既焦急又难过，决心带领群众战胜风沙，拼尽全力改变现状。挖掉东山穷根，必先治服风沙。"十年内全面实现绿化，从根本上解决风沙灾害。"在东山县第一次党代会上，谷文昌写下了这个决议。他甚至发誓说："如不治服风沙，就让风沙把我埋掉。"

在东山的14年里，谷文昌带领全县干部群众在百里海滩上拉开"战场"，多次组织群众筑堤拦沙、挑土压沙、植草固沙、种树防沙，在全县掀起了轰轰烈烈的全民造林运动。到1964年谷文昌调离东山县时，全县已造出201条林带，肆虐千年的风沙终于被抵御在海岛之外！荒岛变成了绿洲，变成了宝岛！

治沙的同时，他还发动群众挖塘打井、修筑水库、开发利用地下水资源，缓解旱情，并亲自参加生产劳动。挽起袖筒植树、卷起裤腿犁田，对谷文昌来说都是再正常不过的事。为官一任，造福一方，他用自己的实际行动带领群众抵御风沙，大力生产，很快实现了粮食亩产过千斤，为此群众都称他为"谷满仓"。

群众来反映问题，即使是半夜三更，谷文昌也会热情接待，任何时候都不会表现出不耐烦的样子。"只要对百姓有利，哪怕排除万难也要做到；凡是对党的威信有害的事，哪怕再小也不做。"人们数不清谷文昌究竟亲自接待了多少群众，帮助了多少有困难的人，但许多鲜活的事例至今仍被东山人感恩、传颂。每逢清明，许多东山人敬宗祭祖时，往往是"先祭谷公，后祭祖宗"，因为他们的命运是谷文昌改变的，他们今天的幸福生活与谷文昌息息相关。

1962年，东山县的高考落榜生绝大多数都被安排了正式工作，谷文昌的大女儿哲惠却仅被安排为临时工，因为谷文昌一贯严格要求自己和家人，从来不搞特殊化。谷文昌与造林打了大半辈子的交道，从不沾公家一寸木材。妻子提出买点家具，谷文昌就买了竹凳、藤椅和石饭桌。妻子问他为什么不买木头家具，谷文昌说："林业局局长家添了木头家

具，外人会产生误会。"正所谓"瓜田不纳履，李下不正冠"。他还经常教育子女："不能一饱忘百饥！要始终心系群众，看到民生的疾苦。"

1981年1月30日，谷文昌去世。他在临终前留下遗言："我要和东山的人民、东山的大树永远在一起。"于是，人们把他的骨灰安葬在了当年他亲手建起的东山县赤山林场。周边村民们听到这一消息，纷纷赶来，含泪为他的坟墓添上一抔热土。许多两鬓斑白的老人说："过去刮一阵风，谷书记就一脸沙、一身汗地赶来看我们，现在就永远和我们在一起吧！"

"谷文昌之所以一直受到广大干部群众的敬仰，是因为他在任时不追求轰轰烈烈的'显绩'，而是默默无闻地奉献，带领当地干部群众，通过十几年的努力，在沿海建成了一道惠及子孙后代的防护林，在老百姓心中树起了一座不朽的丰碑。这种'潜绩'，是最大的'显绩'。"谷文昌去世30多年后，习近平总书记对他的这番评价，正是对这位人民公仆最好的悼念。

吹响改革开放第一声号角的人——袁庚

袁庚是中国改革开放中具有标志性的先行者和探索者之一，被誉为"中国改革开放实际运作第一人"、第一个"敢于吃螃蟹"的人。

袁庚，1917年生，原名欧阳汝山，广东省宝安县大鹏镇人，是中国改革开放中具有标志性的先行者和探索者之一，被誉为"中国改革开放实际运作第一人"、第一个"敢于吃螃蟹"的人。

1978年，饱经生活和战火考验的袁庚61岁了，正在考虑怎样安度晚年，却突然接到出任香港招商局常务副董事长的任命。招商局最早是清政府洋务运动的重要产物，成立后办保险公司，办电报局，修船，修铁路，成为"改革"的旗帜；但随着清政府的覆灭，它终未能逃过土崩瓦解的命运，仅在当时还是殖民地的香港保留了一小部分业务。新中国成立后，招商局香港分公司回到了祖国怀抱，却因种种原因没有实现蓬勃发展。

1978年10月，袁庚起草了《关于充分利用香港招商局问题的请示》，建议兴办蛇口工业区，提出要"面向海外、冲破束缚、来料加工、跨国经营、适应国际市场特点、走出门去做买卖"，被上报至中共中央和国务院。就此，百年招商局二次辉煌的序幕正式拉开，同时也开始了中国最早经济特区雏形的创建。

作为招商局蛇口工业区的灵魂人物以及招商银行、平安保险、中集集团等著名企业的创始人，袁庚出手的第一招是发展港口。上任仅一个月，袁庚就跑遍了包括世界第一大港鹿特丹在内的许多世界知名港口，

为准确把握国际航运市场提供了保障。后来，蛇口港的成功经验被国内许多港口城市复制，到 2017 年，深圳的港口集装箱吞吐量已居全球第四位。

短短几年间，袁庚领导的蛇口开发区正式成为中国改革开放的试验田。他主导的各种惊人改革不断引发一轮又一轮"姓资姓社"的争论，最终形成我们今天早已习以为常的时间观念、竞争观念、市场观念、契约观念、绩效观念和职业道德观念等，这些观念成为推动中国改革开放进程的重要元素。

率先实行人才公开招聘、大胆进行分配体制改革、推动住房商品化、建立社会保障体系……蛇口一口气创下了 24 项"全国第一"，虽然大部分措施如今是中国市场经济的常态，但在当时可谓惊世骇俗。还有许多关于经济管理的实践经验及创新理念，至今仍被沿用，比如主张按经济规律办事、用经济手段去管理经济、干部应该能上能下……

袁庚就是以这样一种"杀出一条血路"的改革气魄，渐渐让蛇口工业区成为"一根注入外来经济因素，对传统经济体制进行改革的宝贵试管"。在此成功基础上，深圳特区得以横空出世。1984 年，邓小平同志来到特区考察，被矗立在蛇口街头的两句标语深深触动："时间就是金钱，效率就是生命。"而在此之前，很多人认为这是一种精神污染，是资产阶级的流毒，袁庚为此承受了很大的政治风险。但邓小平同志充分肯定了这两句话，由此，时间和效率的观念改变了中国人的固化思维，人们的思想开始更加解放，改革开放有了从特区走向全国的认识基础。

"我可以不同意你的观点，但我誓死捍卫你发表不同意见的权利。"袁庚在蛇口留下了许多至今依然流行的语录。当时，袁庚的这些理念常被主流视为"反传统"，有人说他是"冒险家"，有人说他很"乌托邦"。面对质疑，袁庚都一笑而过。蛇口原本就是一根"试管"、一个超级孵化器、新观念、新思想、新模具、新产业、新人物都需要在此尝试。不去试,怎么知道对不对?

1993年,76岁的袁庚退休,蛇口"改革试管"的使命正式结束,袁庚终于开始了晚年生活。2016年1月31日,袁庚以99岁高龄离世,身后引发了全国人民尤其是深圳人的纪念热潮。他主导的破冰之旅和"蛇口精神"至今仍深刻地影响着每个普通中国人的生活方式和价值观念。但谈起成就,他很谦虚,说不能夸大个人的作用,因为如果背后没有党和国家这个大后台,蛇口这样的模式是不可能成功的。

为官从政的精神标杆——焦裕禄

焦裕禄走了，但"亲民爱民、艰苦奋斗、无私奉献"的"焦裕禄精神"永远留了下来。他是"县委书记的榜样"，更是激励我们做一个优秀的人的榜样！

焦裕禄，1922年出生于山东省淄博市博山县北崮山村，1964年因肝癌病逝于河南省兰考县县委书记任上。

焦裕禄出生在一个贫苦的农民家庭，在旧社会里受尽苦难，11岁就不得不到煤窑当小工，每天要干十几个小时的重活，但仍然难以糊口。父亲最终因为交不起租子，上吊自杀了，小小年纪的焦裕禄从此更是时刻挣扎在生与死的边缘。他先是被日本人抓到抚顺做劳工，好不容易逃跑后一路乞讨到了江苏省宿迁县，给当地的地主做长工。如果没有新中国的成立，他的苦日子可能永远没有止境。

正是因为对旧社会的苦难有着切肤之痛，他对新社会的感恩才那样真实与强烈。他回到家乡，积极参加党领导下的革命工作，先后担任过民兵班长、武装部干事、共青团县委副书记、车间主任、调度科长。从军事干部到共青团干部，再到工业管理干部，对于只上过几年小学的焦裕禄来说，干好每一个岗位都不容易，但他凭借刻苦的学习精神和热情高涨的工作态度，最终都做得十分出色，由外行变内行，深受赞誉。

1962年12月，焦裕禄被调到兰考县工作，先后任县委第二书记、县委书记，兰考县县委书记是他一生中的最后一个岗位，此时离他去世只剩下不到两年的时间。而恰恰就是在这段如此短促的最后岁月里，焦裕禄把自己的一切都献给了这块土地，献给了这里的人民，燃尽了自己，照亮了未来。

当时我国的国民经济正处于"三年困难时期",兰考跟全国相比情况更为严峻,不仅刚刚遭遇严重灾荒,全县粮食产量下降到历史最低水平,而且内涝、风沙、盐碱"三害"同时肆虐,可谓多灾多难。面对此情此景,焦裕禄说:"感谢党把我派到最困难的地方,越是困难的地方,越能锻炼人。请组织放心,不改变兰考的面貌,我决不离开这里。"

从此,焦裕禄住草庵、蹲牛棚,跟群众吃在一起,干在一起,一边抗灾自救,一边想尽各种办法治理"三害"。"兰考这块地方,是先烈们用鲜血换来的。先烈们并没有因为兰考人穷灾大,就把它让给敌人,难道我们就不能在这里战胜灾害?"在他的带领下,县委领导干部纷纷走出县委机关,到农村蹲点。

为了摸清兰考的自然情况,找到"三害"治理良方,县委先后抽调相关人员在全县展开了大规模的追洪水、查风口、探流沙的调查研究工作。当时焦裕禄的肝病已相当严重,身边人都劝他不要下去,在家里等着听汇报就好。他却坚持背着干粮和大家一起在兰考的田野上日夜奔波,在风里、雨里、沙窝里、激流里奋战了120多个日夜,跑了120多个大队,跋涉5000余里,终于摸清了兰考"三害"的底细,并通过一年的艰苦奋战,让除"三害"工作取得了明显成效。其间,焦裕禄常常会出现在田间地头,走到哪里就亲自干到哪里。群众都把他看成是"跟咱一样的庄户人"。

由于身体长期有病，家里人口又多，焦裕禄一家人的生活比较困难，但他坚决拒绝组织的救济。他用过的被褥上都打满了补丁，所有鞋帽衣物都是补了拆、拆了补，修修补补一用就是十几年。他说："人民的生产、生活都很困难，我们应该首先想到他们。要把这些钱用到改变兰考面貌的伟大事业上去，用到改善兰考人民的生活上去。"为此，他还专

门起草了一份《干部十不准》文件,规定任何干部都不准搞特殊化。

1964年春,焦裕禄的肝病越来越重,开会、做报告时都不得不用右膝顶住肝部,不断用左手按住疼处。但即便如此,他依然不肯放下工作去治疗。他总说:"病是个欺软怕硬的东西。你压住它,它就不欺负你了。"有一次听汇报时,剧烈的肝痛令他手指发抖,钢笔几次从手中掉下来,但他依然坚持听完。

1964年5月14日,久经病痛折磨的焦裕禄再也不能做那些他一直放心不下的工作。临终前他交代,希望将自己埋在兰考的沙丘:"活着我没有治好沙,死了也要看着兰考人民把沙丘治好。"

焦裕禄走了,但"亲民爱民、艰苦奋斗、无私奉献"的"焦裕禄精神"永远留了下来。他是"县委书记的榜样",更是激励我们做一个优秀的人的榜样!

"青山处处埋忠骨"——毛岸英

> 伟人也是常人，英雄也是凡人，而促成一个人可以从常人到伟人、从凡人到英雄的终极理由，也许只有几个字，那就是：爱国、担当、责任！

毛岸英，1922年10月出生于湖南长沙，父亲毛泽东按照族谱，为他取名远仁，字岸英。

毛岸英从一出生就饱经艰辛与磨难。从5岁开始，母亲杨开慧为了革命事业到处奔走，他也跟着颠沛流离；8岁时，他陪母亲坐牢，亲眼见证母亲在狱中同敌人斗争并最终牺牲的过程。后来，他和弟弟毛岸青被组织营救回上海，过着寄人篱下的生活。为了自食其力，养活自己和弟弟，倔强的他带着弟弟流落街头，做过很多脏活、累活，没有房子住，就住在破庙里，冬天只能用报纸和茅草做铺盖。即使生活如此困苦，毛岸英兄弟热爱学习的劲头也丝毫不减。为了买一本《小学生词典》，他们可以勒紧裤腰带，三个月不吃早饭。

1936年，毛岸英在组织的安排下被送往苏联的国际儿童院学习，其间表现优异。1941年，苏联卫国战争爆发，毛岸英带领国际儿童院的孩子们种菜、伐木、劈柴、抢修战壕，做了许多力所能及的工作。与此同时，他还时刻渴望上战场。战争最白热化的那段日子里，他不停地给斯大林写信，请求能到第一线去。最终，斯大林被这个中国年轻人的热忱感动，同意了他的请求。在经过专业的军事训练后，毛岸英当上了苏军坦克连指导员，跟随部队一路反攻，直到解放东欧。为了表彰他的贡献，在他回国前，斯大林还亲自送了他一把小手枪。

1946年，毛岸英回到了他日思夜想的祖国。在延安，他没有因自己是毛泽东的儿子搞任何特殊化，而是选择跟随著名劳动模范吴满有学种地，上"劳动大学"，随后又投身于基层土地改革工作。这些经历让他更加深刻地了解了中国的农村和农民，了解了中国这片土地。

身为毛主席的长子，毛岸英一生不仅从未享受过丝毫的优待，反而因此更加坎坷多艰。人们崇敬毛主席，因此，对毛主席的儿子也格外尊敬。人们深知毛泽东和杨开慧为中国革命的胜利牺牲了太多，所以觉得对他们的孩子怎样回报也不为过。毛岸英却从不这样认为。更何况，温和谦虚、平易近人是他的天性。不管对谁，他总是十分热情，一点主席长子的架子也没有。

一次，在吃饭的时候，毛岸英来到机要处。大家本来还在兴高采烈地交谈，一看毛岸英进来，立刻变得鸦雀无声，不知所措。毛岸英见状，干脆坐了下来，开口道："同志们，你们看我长得怎么样？"他这一问，大家都感到丈二和尚摸不着头脑，你看看我，我瞅瞅你，谁也不敢吱声。毛岸英这才微笑着说："我和大家一样，是一个普通人嘛，又没有长着三头六臂，大家为啥总躲着我啊！"这时大家才明白他那句问话的意思，纷纷笑了起来。

"这样多好！"毛岸英接着说，"大家都是一样的人，不用将我特殊对待。"毛岸英一番真诚的表述令大家非常感动主席的儿子如此平易近人，这在过去的封建社会里简直不敢想象，新中国翻天覆地的变化处处都有例证，人人平等，人人当家做主，所言不虚呀！

1950年，朝鲜战争爆发，战火很快烧到了我国东北的鸭绿江边，时刻威胁着新中国的安全。毛岸英毅然报名参加了志愿军。尽管当时有很多人阻拦，他却得到了父亲毛泽东的支持："谁叫他是毛泽东的儿子。"1950年11月25日，毛岸英在回指挥部取作战图时被凝固汽油弹击中，不幸壮烈牺牲，年仅 28 岁。

消息传回北京，毛泽东挥泪写下 14 个字：青山处处埋忠骨，何须马革裹尸还。从此，毛岸英永远安眠于他为之付出生命的朝鲜的土地上，父亲未能再见他最后一面。

其实，毛岸英牺牲后，父亲毛泽东非常渴望能最后再看看自己的儿子，而且中国人自古讲究落叶归根，有着离世后应回乡入土为安的情愫和习俗。但考虑到当时朝鲜方面的强烈意愿，毛主席最终还是在极度矛盾和痛苦中，在一个父亲的渴望和一个国家主席的家国需求中，选择了大局，放弃了小我，同意将毛岸英的遗体永远安葬于朝鲜，陪伴在那些同样在这场战争中献出生命的中朝两国烈士身边。

"战争嘛，总难免要有牺牲。"毛泽东当年说出的这句话，想必也是千千万万英烈的父母们常说的话。其实，无论是战争年代还是和平年代，为国奉献、为国舍己总是在所难免。伟人也是常人，英雄也是凡人，而促成一个人可以从常人到伟人、从凡人到英雄的终极理由，也许只有几个字，那就是：爱国、担当、责任！

毛岸英也许不是战马上的骁将，但一定是爱国的英雄！

"铁人"耀中华——王进喜

这世上哪有"铁人","钻井闯将"更不是天生的。坚强的意志和钢铁般的身体无非是因为有巨大的精神动力与必胜的决心在支撑着。"铁人"王进喜走了,"铁人精神"却在一代代石油工人中继续传承。

王进喜,1923年出生于甘肃省玉门县赤金堡一个贫苦的农民家庭。小时候,他身材瘦小,谁也想不到,日后他会获得"铁人"这么一个称号。1929年,玉门遭受了百年不遇的灾荒。为了活命,6岁的王进喜不得不用一根棍子拉着双目失明的父亲沿街乞讨。14岁时,王进喜为了逃避抓壮丁,偶然遇到了当石油工人的老乡,从此,他的命运与中国的石油事业牢牢捆在了一起,再也没有分离。

在旧中国的油矿上,王进喜虽然年龄小,却要干和大人一样的重活,还经常挨工头打骂。后来,在中共地下党组织的宣传和帮助下,王进喜接触了共产主义等先进思想,再加上苦难的经历、恶劣的生存环境,他在内心深处渐渐萌发了抗争意识,懂得了团结的意义。新中国成立前夕,当国民党企图破坏玉门油矿时,王进喜积极参与了护矿斗争。在党组织的领导下,他和穷苦的工友们一起,用血肉之躯为即将到来的新中国保住了玉门这台"石油发动机"。

1950年,他通过选拔考试,幸运地成为新中国第一代钻井工人。1956年,他又因表现优异入党。不久后,他还当上了使用苏联进口钻机的钻井队队长。当时,全国百废待举,石油奇缺,油矿不断扩产仍难以满足需要。为了加快工作进度,王进喜干脆搬上行李,直接住到井上,24小时"全天滚"。1957年10月19日,新华社发布了一则消息:"玉门王进喜钻井队9月份进尺5009.47米,创世界少有的纪录。"由此,他带领的钻井队荣获"钢铁钻井队"称号,他本人也被评为全国劳动模范,被赞为"钻井闯将"。

1959年,王进喜以英雄模范的身份被邀请到北京参加建国10周年观礼活动。在北京的街头,他无意间看到每辆公共汽车上都背着一个笨重的煤气包,一打听才知道,由于没有汽油,公交车只能靠煤气当动力。这一幕令王进喜印象深刻,终生难忘。他终于明白,原来石油生产对国家建设的意义这么重大,老百姓的生活这么需要石油。

从那以后,他经常对身边的工人说:"一个人没有血液,心脏就停止跳动。工业没有石油,天上飞的、地上跑的、海上行的,都要瘫痪。没有石油,国家有压力,我们要自觉地替国家承担这个压力,这是我们石油工人的责任啊!"

1959年,黑龙江大庆地区发现了特大油田。第二年,王进喜就受命率队奔赴那里参加"石油大会战"。刚到大庆,由于吊装设备供应紧张,井队的钻机无法运抵现场。王进喜大吼一声:"不能等!"随即带着30多名工人奋战3天3夜,只靠人拉肩扛,竟把钻机运到井场。当地条件异常艰苦,但王进喜和队友们却喊出了"北风当电扇,大雪是炒面,天南海北来会战,誓夺头号大油田"的豪迈号子,只用5天时间就打出了第一口井,震惊中外!

在打第二口井时,钻井队遇到了钻井过程中最可怕的情况——井喷。气流和水流裹着泥浆冲天而起,如果不及时控制,势必导致井毁人亡,但现场却没有压井用的重晶石粉。怎么办?千钧一发之际,王进喜果断决定加入水泥来提高泥浆比重。可水泥遇水容易沉底,为了防止水泥沉底,当时还拖着一条伤腿的王进喜,干脆直接纵身跳进齐腰深的泥浆池,用身体搅拌泥浆,终于成功压住了井喷。事后,听说了这件事的房东赵

大娘感慨地说:"你们的王队长可真是个铁人哪!"不料,这个说法不胫而走,从此,王进喜有了"铁人"的称号。

随后,在大庆油田参与"石油大会战"的4万职工掀起了"学铁人、做铁人"的热潮。他们用实际行动践行着"能为革命挑更重的担子,能在最复杂的环境里做艰苦工作,能在困难的时候顶上去,能在最危险的情况下不怕牺牲,能做别人不愿干、不敢干的革命工作的铁人精神"!也正是在这一腔热血的"铁人精神"的鼓舞下,大庆人最终只用了3年时间就帮助国家基本实现了石油的自给。新中国的石油工业从此进入新纪元!

然而,这世上哪有"铁人","钻井闯将"更不是天生的。坚强的意志和钢铁般的身体无非是因为有巨大的精神动力与必胜的决心在支撑着。因为长期超负荷工作,王进喜的身体遭到极大损伤,最终因胃癌去世,年仅47岁。

"铁人"王进喜走了,"铁人精神"却在一代代石油工人中继续传承。"有条件要上,没有条件创造条件也要上!""宁肯少活20年,拼命也要拿下大油田!"……这些激动人心的誓言和王进喜那手握刹把、目光刚毅、巍然挺立的铁汉形象,将永远留在后人心中。

隐姓埋名的"两弹元勋"——邓稼先

从不看重功名利禄，死后才为世人所知；有机会安享优裕的生活，却甘愿为祖国隐姓埋名、舍家舍己；比谁都深知核辐射的危害，却仍然义无反顾地冲在危险的最前面，且默默地一做就是数十年，这就是邓稼先的真实写照。

邓稼先是我国著名核物理学家、中国核武器研制工作的开拓者和奠基者，为中国核武器、原子武器的研发做出了重要贡献，被称为"两弹元勋"。

1924年，邓稼先出生在安徽省怀宁县，父亲邓以蛰一生从事美学艺术研究，在清华大学哲学系执教。良好的家庭氛围和浓厚的知识底蕴为邓稼先的成长提供了极其有利的环境，但国难深重的旧中国又让年少的邓稼先早早懂事，立志把改变祖国的积贫积弱作为自己的终生奋斗目标。

1941年，邓稼先考入国立西南联合大学。毕业后，他在北京大学担任助教，但他深知，仅靠教书无法救中国，所以一心想去美国学习最先进的技术，希望尽早学成归来，报效祖国。下定决心后，1948年，他毅然放弃教职，赴美求学。在美期间，由于学习成绩突出，他用了不到两年时间便修满学分，并通过了博士论文答辩，获得了博士学位。而此时他只有26岁，因为实在太年轻，被人称为"娃娃博士"。

1949年，当新中国成立的消息传到美国，邓稼先的内心久久不能平静。他决定，无论如何都要快点回去。1950年，他冲破美国当局的重重阻挠，踏上了回国之路。1956年，他光荣地加入了中国共产党。

1958年，邓稼先迎来了人生的又一重大转折——被任命为研究中国第一枚原子弹的总设计师！但研究工作必须高度保密，这就意味着他从此要隐姓埋名，即使对家人也不能告知实情。即便如此，邓稼先还是毫不犹豫地同意了，回家后，他只对妻子说自己"要调动工作"，不能再照顾家和孩子。从此，他断绝和外界的一切联系，一心投入这项重大使命中。因为保密规定，邓稼先乘坐公交车时甚至不能在单位附近的公交车站下车，总是先在稍远的地方下车，再步行到单位。

邓稼先一上任，便被调到新筹建的核武器研究所任理论部主任，负责领导核武器的理论设计。不久之后，以他为中心，越来越多的专业人士汇集到北京，紧张而有序地投入这项工作中。

当时的生活条件之艰苦和科研设施之匮乏可想而知，但这些都没有击垮邓稼先。没有先进的计算机设备，他就用手摇计算机或者干脆用算盘计算；没有可参考的文献资料，他就自己反复试验摸索，带领同事共同翻译、积累国外的零星信息……历经千辛万苦，终于，1964年10月，在西北戈壁的大漠深处，一朵蘑菇云以惊世骇俗的身姿升腾于天——中国成功爆炸了第一颗原子弹！

随后，来不及休养，他又马不停蹄地投入对氢弹的研究中，并于原子弹爆炸成功的2年零8个月后快速研制出了氢弹。与法国的8年零6个月、美国的7年零3个月、苏联的6年零3个月相比，研发时间大大缩短，创造了世界最快速度！

新中国的科研基础差，设备也不完善，却在那么短的时间里成功研制出原子弹和氢弹，这令很多人都感到不可思议。有一次，杨振宁问邓稼先："我在美国听人说，中国的原子弹是一个美国人帮助研制的。是真的吗？"邓稼先回答道："中国的原子弹、氢弹全部是由中国人自己研制成功的，没有一个外国人参与。"

多年来，邓稼先默默奉献着。沉重的任务压力、夜以继日的工作、因陋就简的不规律的饮食……所有这些，都让他长期处于高危健康风险

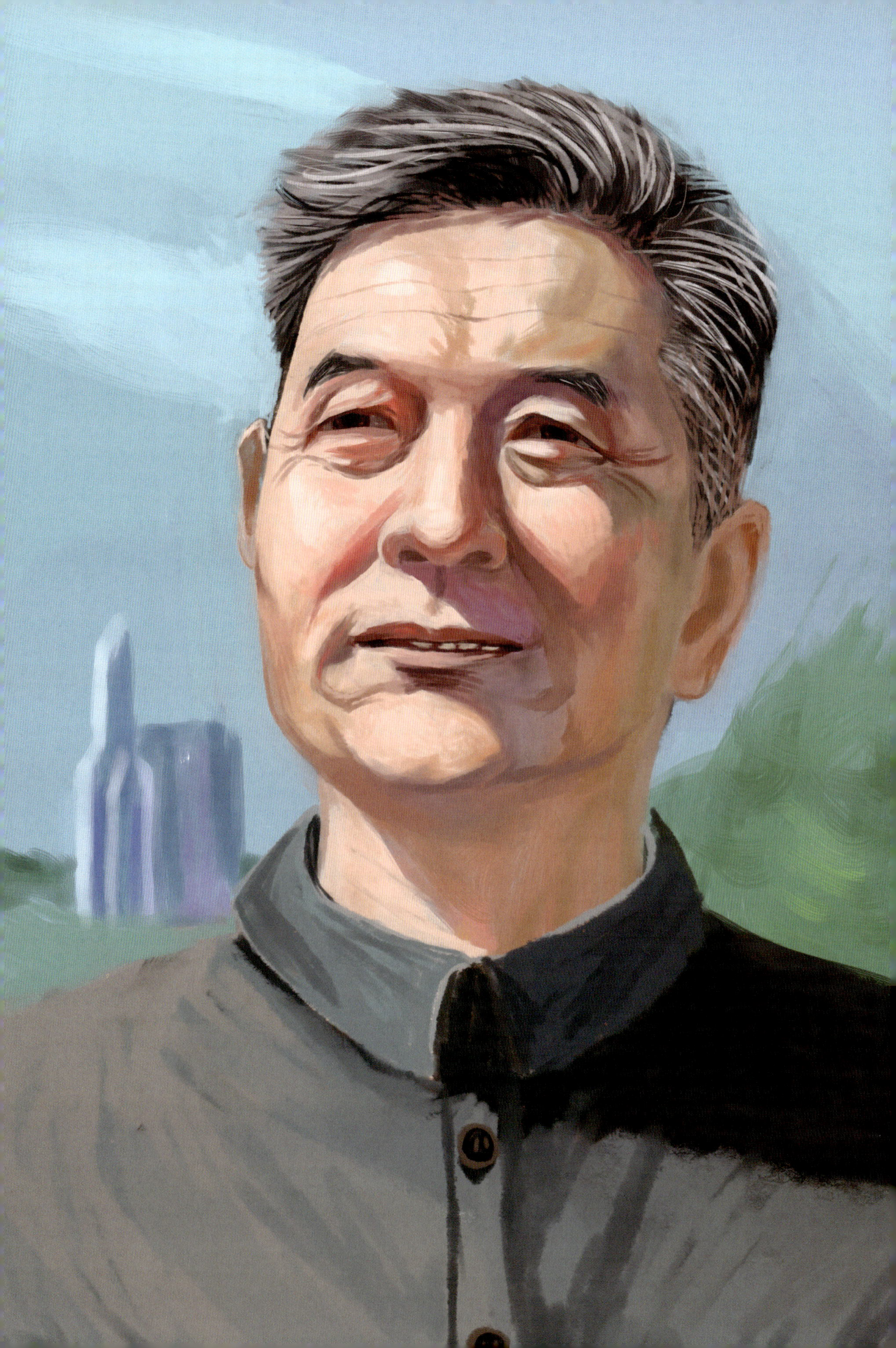

之下。1985年7月，邓稼先被确诊为直肠癌，入院治疗。1986年7月29日，年仅62岁的邓稼先去世了。临终前，他对来探望的好友们表示，从未后悔过自己的选择，他能为新中国核试验献出生命，是有价值的事，不枉此生。唯一让他感到遗憾的，是还有太多未竟的事业，因此，他不断叮嘱来人如何在尖端武器方面继续努力，并对他们说："不要让人家把我们落得太远。"

从不看重功名利禄，死后才为世人所知；有机会安享优裕的生活，却甘愿为祖国隐姓埋名、舍家舍己；比谁都深知核辐射的危害，却仍然义无反顾地冲在危险的最前面，且默默地一做就是数十年，这就是邓稼先的真实写照。正是由于他的出现，中国的核武器发展持续快步推进了10年！

1996年7月29日，在邓稼先逝世十周年纪念日里，中国政府进行了第45次也是最后一次核试验，并郑重声明："自1996年7月30日起，中国暂停核试验。"这标志着中国终于和其他核大国一样，跨过了原子弹、氢弹、第二代核武器、核禁试四阶段，从此进入仅仅基于核自卫需求的实验室模拟阶段。这是中国对维护世界和平的又一贡献，也是后人对邓稼先最好的鸣谢和纪念。

农民改革家——吴仁宝

> 吴仁宝为中国农村的发展模式探索出了一条资源整合、优势互补、合作双赢、共同富裕的新路,由此也深刻证明了中国农民的无穷智慧和惊人的创新精神。

吴仁宝,"华夏第一村"——华西村的领头人,1928年11月出生于江苏省江阴县。国外曾有人评价说:华西村是中国的新加坡,而吴仁宝是华西村的李光耀。一句话对华西村和吴仁宝做出了基本描述。事实上,今天的华西村不仅已经发展成为一个集农业、工业、商贸、建筑、旅游于一身的庞大的企业集团,而且为中国特色社会主义新农村建设探索出了成功的示范性道路。

改革开放40年来,吴仁宝始终站在中国农村改革的最前列,率领华西村村民一步一个脚印,在仅仅0.96平方千米的土地上,创造了许多个"中国第一":这里的农民最早成为工人,最早搬进别墅,最早拥有小汽车,最早拥有退休金……他为中国农村的发展模式探索出了一条资源整合、优势互补、合作双赢、共同富裕的新路,由此也深刻证明了中国农民的无穷智慧和惊人的创新精神。

华西村地处江苏省江阴县,自然条件并不好,直到20世纪60年代,农民还常常填不饱肚子,娶不上媳妇。吴仁宝任党支部书记之初,就带领华西人起早摸黑、肩扛手推,希冀用辛勤劳动改变命运,并真的在七八年间建成了一个全国农业样板村,迈出了村民共同致富的第一步。

1979年,当全国开始实施土地家庭联产承包责任制时,吴仁宝却反其道而行之,创造性地决定由村里的30名种田能手承包全村500多亩农

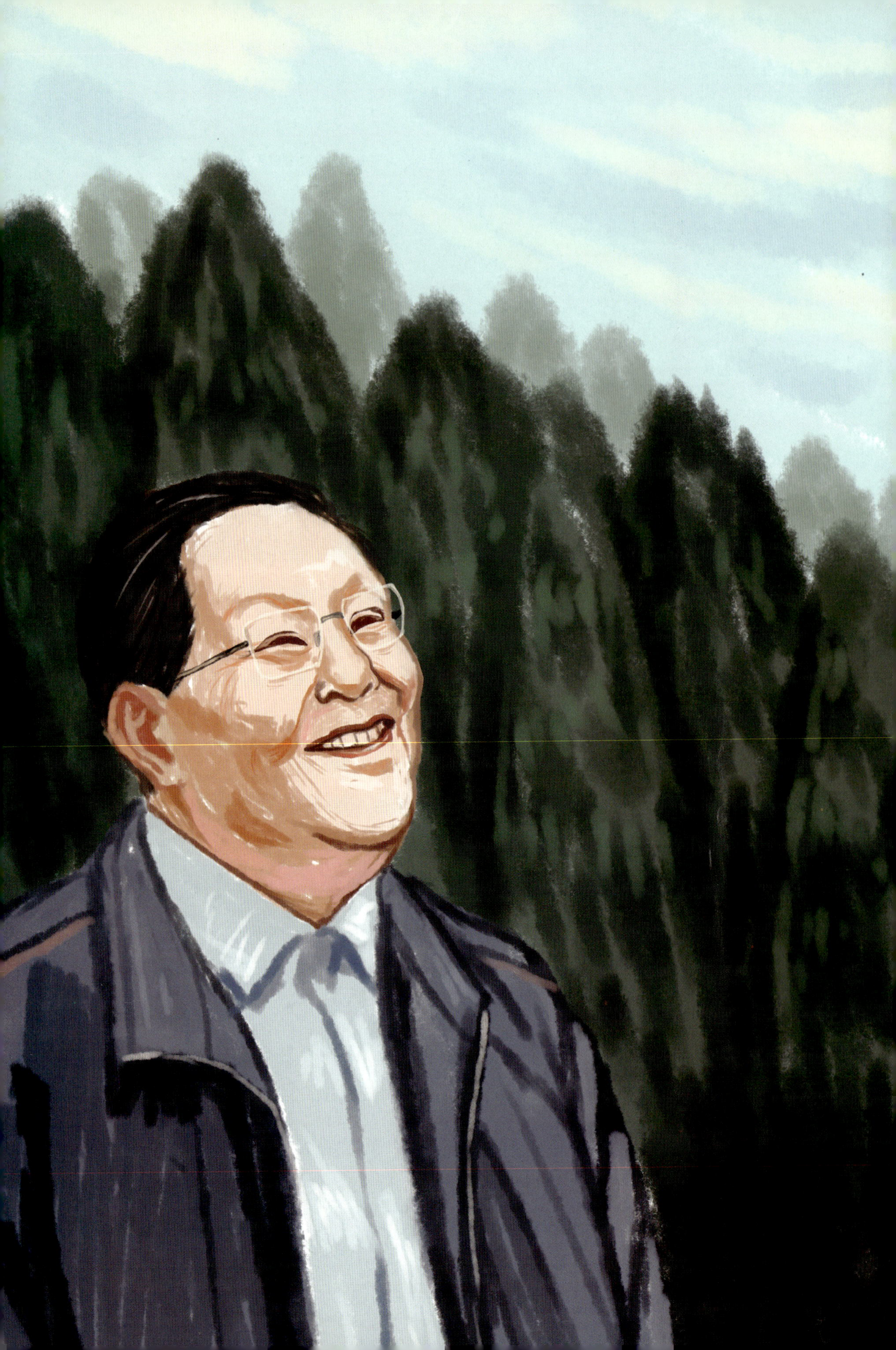

田，剩余劳动力则转移到村办企业。原因是华西村人多地少，不适宜单打独斗。早在1980年，华西村的工农业总产值便突破1亿元，成为江苏省第一个"亿元村"。

20世纪90年代初，企业转制成为国有企业和集体企业寻找出路的主要选择，华西村没有搞"一刀切"，而是在村办企业基础上组建了华西集团，形成了以集体经济为主，同时发展私营个体经济、中外合资和混合型经济的新格局。数年之后，这些措施纷纷见效，华西村以雄厚的集体经济为后盾，先后成为中国第一个"电话村""彩电村""空调村""汽车村""别墅村"，家家户户有汽车，人均存款过百万……村民们做梦也想不到，在吴书记的带领下，自己就这样成为中国最富裕的农民。

走进今天的华西村，人们看到的绝非想象中的村庄，而更像一座现代化的花园小城。让农村变得"高大上"，是吴仁宝的理想，并且这理想已然成为现实。

通常情况下，管理者都会面临两大难题：如何兼顾效益和公平以及如何"把权力关在制度的笼子里"。吴仁宝在华西村是这样解决的——实行"一村两制"：村民可以搞集体，也可以搞个体，但干部不能"一家两制"，更不允许"一人两制"。这样，全体村民就构成了一个"利益共同体"，从制度和运行机制上保障了共同富裕的目标，也防止了领导者和职工以权谋私行为的发生。同时，富裕之后如何分配财富，关系到"共同富裕"是否能够真正实现的问题。为此，吴仁宝主张采用"有差别的共同富裕"这一原则：既保证"按资分配"，又兼顾"按劳分配"和"按需分配"。

吴仁宝读书不多，但一心干事又善于创新，因此常常会总结出许多朴素的金句。对于什么是社会主义，他说："人民幸福就是社会主义。让老百姓幸福，是我一生最大的满足。"

直到 75 岁退休后，他也依然没有放弃对实现共同富裕这个目标的追求，没有停止过对中国"三农"问题的思考，没有停止过为华西村工作。为了让更多人理解华西理念，他坚持每天上午 10 点在村里的民族宫大礼堂进行演讲。这甚至成了华西村一个引人注目的旅游项目。在他的带领和感召下，华西村不仅带动周边十几个村庄共同致富，还帮助宁夏、黑龙江分别建立了"省外华西村"，为全国培训了数以十万计的农村基层干部，共同富裕的乐章正在越奏越响。

2013 年 3 月 18 日，85 岁的吴仁宝因患肺癌在华西村家中逝世，身后留下了无数令人深思的事迹和传奇。"儿好、女好，不如华西村好；千谢、万谢，要谢仁宝大大（大大，地方方言，哥哥的意思）。"民谣就是民意，民意不会骗人。

一辈子学做教师——于漪

"春蚕到死丝方尽，蜡炬成灰泪始干。"于漪用自己的生命栽培着学生，也用自己的实际行动告诉世人：如何"一辈子做教师，一辈子学做教师"。

说到20世纪的中国教育史，有一个名字绝对绕不开。她一生都坚守在三尺讲台上，上过近2000节公开课，她的名字和中国语文教育紧紧相连，她对学生、对教育胸怀大爱，赢得了老师和学生的一致尊敬。虽然她只是一名人民教师，但我们可以说她是当代中国教师群体当之无愧的模范和偶像。她是于漪，现已90岁高龄，做了一辈子中学语文教师。

1929年，于漪出生在江苏省镇江市。父亲去世早，她从小跟着母亲长大。母亲虽然是个半文盲，但却可以说是于漪人生的第一位老师。她告诉于漪：做人最重要的，第一要心地善良，第二要勤劳，第三要助人。这些为人处世的道理，于漪时刻谨记，一辈子践行。

1947年，18岁的于漪考入复旦大学教育系。在复旦大学的求学经历对于漪影响至深，在复旦教授们严谨的治学态度和深厚的人文底蕴熏陶下，她的视野被打开了，对各类学科、对教育、对社会、对人生的认识渐渐从懵懂到透彻。于漪觉得自己是幸运的，因为在人生起步时遇到了好老师。也正因如此，毕业时，她带着一颗对老师的感恩之心，立志要成为一名像他们那样的好老师。

有人说："做老师的，要想给学生一碗水，自己就得有一桶水。"而于漪对自己的要求更高，她认为，想要在学生面前拥有足够的底蕴和底气，自己必须做到"知如泉涌"。而要做到这一点，就必须不断地学习，所以她时常用《后汉书·列女传》中的"一丝而累,以至于寸;累寸不已,遂成丈匹"来鞭策自己。

走上工作岗位后,为了尽早"入门",她把每一次听课都当成一次学习的机会,抓住一切机会向他人学习,弥补自己的不足。为了夯实基本功,于漪甚至从汉语拼音开始,一点一点学习,不仅把中文系的主要课程彻底吃透了,还钻研了上百篇教材。为了备好一堂课,于漪常常要花上十几个小时。为了使自己的普通话更加标准,她在备课时甚至会把要说的每一句话都写下来,然后修改成规范的书面语言,背下来后再进行口语化的输出。为了让课堂教学能一气呵成,在每天去上班的路上,她在脑海里一刻不停地演练……就这样日复一日地精进,于漪很快就成为一名优秀的中学语文老师。

但于漪并未止步于此,她的目标是把每一堂课都当成一次现场直播。即使是讲同一篇课文,她也会尽量做到不重复。因为她深知,课堂上没有彩排,要尽量少留遗憾。即便真的有遗憾,她也会立刻改进,不断完善自己,淬炼教学艺术。

在于漪"教文育人""文道统一"的教育思想的引领下,汉语之美渐渐渗入到学生们的心灵深处,也让对中国语言文字的热爱和对文化知识的渴求在他们心中快速生根发芽。20世纪80年代,于漪的公开课《海

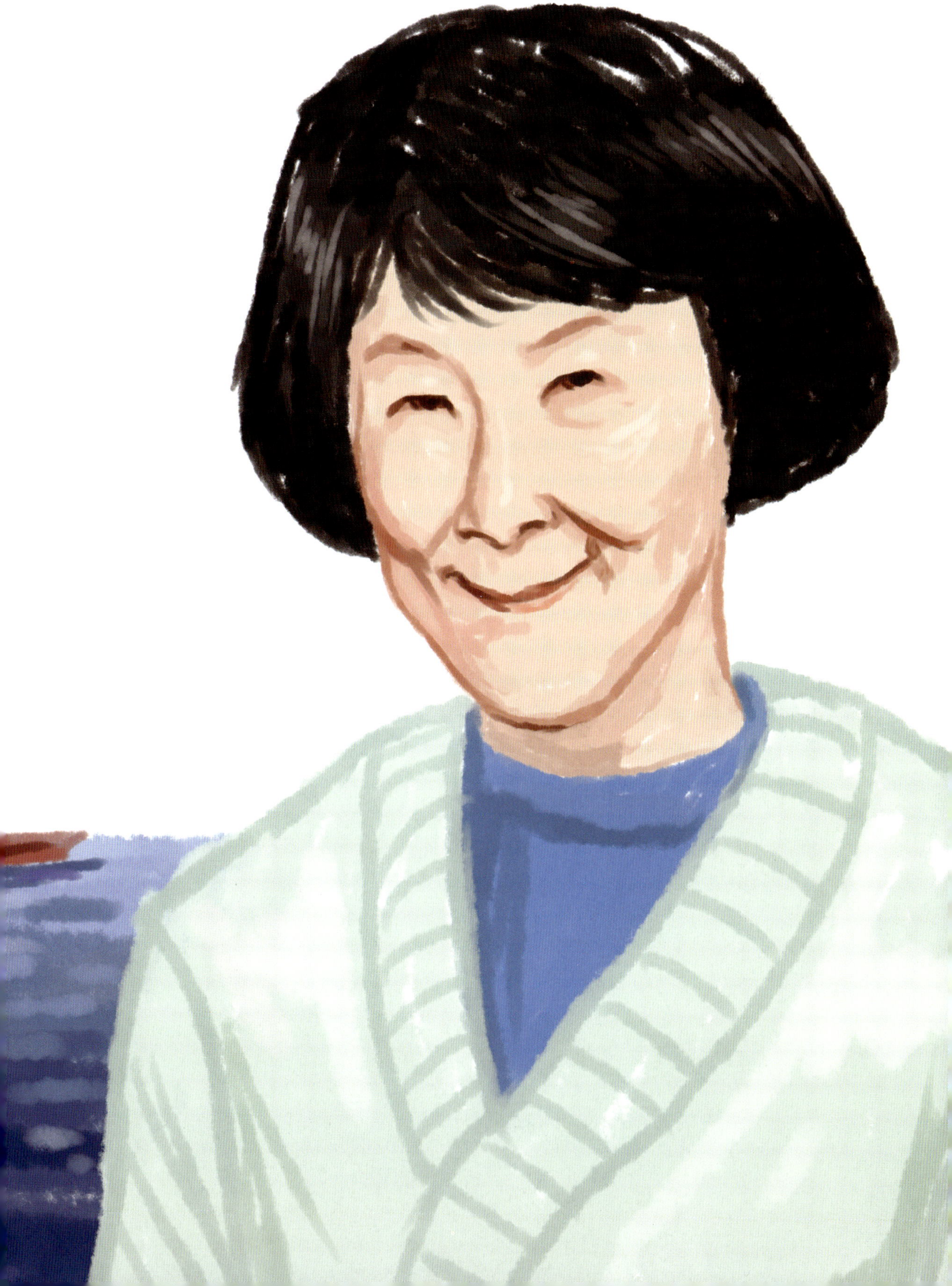

燕》在电视上直播，全国人民都守在电视机前，只为一睹于老师的风采。有人打趣说，如果放在现在的社会，于老师大概称得上"网红"了吧！

于漪不仅在知识上倾心哺育孩子，在生活上也时刻关心着他们。她曾经说："学生身上的事，都是我教师心上的事。什么叫教师？学生的天就是你的天，学生都是你的儿女，所以我说，师爱超越亲子之爱。"

她是这么说的，更是这么做的。于漪这辈子没有骂过任何一个学生，也没有挖苦过任何一个学生。她知道，老师必须要有宽广的胸怀，要包容各种各样的学生，包容不是居高临下，而是走进孩子的心里，体会他的情感，了解他的想法。对于家庭贫困的孩子，于漪常常用自己的积蓄接济他们，不仅给他们买学习用品、生活用品，还尽力帮助他们解决家里的困难。与此同时，于漪对自己和自己的家庭却一再节俭。

退休以后，于漪虽然离开了讲台，却时刻心系教育事业，她把自己的晚年时光又无偿地奉献给了一批又一批青年教师。如今，90岁高龄的于漪仍在为培养青年教师奔忙着。教育，已经融入她的血肉，成为她生命里再也割舍不下的部分。

汪曾祺先生曾说过："人总要把自己的生命精华调动起来，倾力一搏，就像干将莫邪一样，把自己炼到剑里去，这才叫活着，这才是生命的意义和价值所在。"而这也正是于漪老师的人生写照，她将自己几十年的光阴都奉献给了三尺讲台，她的人生就是教育的人生。"春蚕到死丝方尽，蜡炬成灰泪始干。"于漪用自己的生命栽培着学生，也用自己的实际行动告诉世人：如何"一辈子做教师，一辈子学做教师"。

颠覆饥饿的"当代神农"——袁隆平

"我还有两个梦,一个是禾下乘凉梦,一个是杂交水稻覆盖全球梦。我的心愿是发展杂交水稻,造福全球人民。"

袁隆平,1930年9月出生于北京,江西省九江市德安县人,中国杂交水稻育种专家,中国研究与发展杂交水稻的开创者和带头人,致力于杂交水稻的研究,先后研发出"三系法"杂交水稻、"两系法"杂交水稻、超级杂交稻一期、超级杂交稻二期,被誉为"世界杂交水稻之父"。

1960年7月,袁隆平在农校试验田中意外发现一株特殊性状的水稻。他将这株水稻进行试种,发现其子代有不同性质。因为水稻是自花授粉的,不会出现性状分离,所以他推断这是一株天然杂交水稻。于是他将雌雄同蕊的水稻雄花人工去除,授以另一个水稻品种的花粉,尝试产生杂交品种。随后,他把这株变异株的种子播到试验田里,结果证明当初发现的那个"鹤立鸡群"的植株果然是天然杂交水稻!当时,袁隆平还只是安江农业学校的一位教师,他暗暗立下大志:排除一切困难继续从事水稻雄性不育试验,用农业科学技术击败人类饥饿顽疾。

从第一次发现天然雄性不育稻的那天起,他就过上了大海捞针般的搜寻生活。早年间,就连最懂他的妻子都忍不住问他:"你这样长年累月地大海捞针,难道就不感到厌烦吗?"

他回答妻子:"只要能不懈地追究下去,我就有可能成为第一个告诉世界这个秘密的人,让无数中国人免于挨饿!"

他是这么说的,也是这么做的。

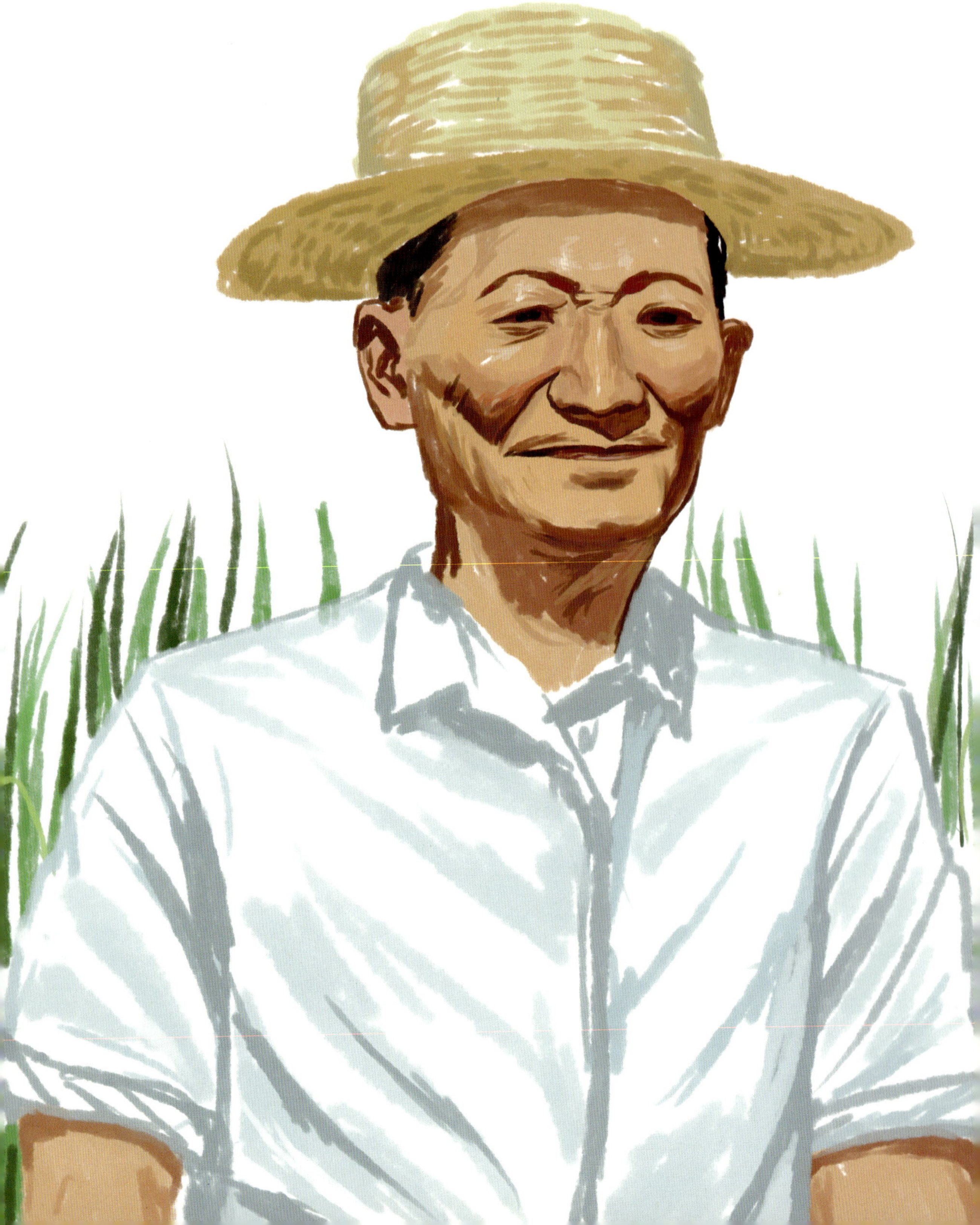

1965年，袁隆平和妻子一起，花了两年时间，通过对14000多株稻穗的观察和检查，找到了6株天然雄性不育水稻。

1968年，袁隆平辛苦培育的700多株不育秧苗被全部毁坏。他来不及难过，坚持不懈地寻找，终于在学校的废井里找到了仅存的5株秧苗。

从此，他再也没有离开过田间，过上了苦行僧般的试验生活。衣服破了，自己补一补；头发长了，请身边的工作人员给理一理……如果你看过他的照片就不难发现：他脸上的斑比普通老人多很多，看起来比实际年龄更老一些。可他却不以为然——那些在日光下暴晒的痕迹正是他勤恳一生的光荣证明啊！

如果你认为袁隆平只是一个"足蒸暑土气，背灼炎天光"的农民，那就大错特错了。袁隆平的英语水平很高，能在频繁的国际学术活动中运用英语进行交流，诸如学术讨论、合作研究、技术指导和宣读论文，等等。1979年4月，袁隆平出席菲律宾国际水稻研究所召开的科研会议，在会上宣读了他用英文写的《中国杂交水稻育种》的论文并即席答辩，与会者公认中国杂交水稻研究处于世界领先地位。1986年10月，世界首届杂交水稻国际学术讨论会在长沙召开，袁隆平在会上做了《杂交水稻研究与发展现状》的专题学术报告，并提出了今后杂交水稻发展的战略设想，得到与会专家、学者的赞同，并被写进会议文件。

袁隆平收获了多项国际大奖，其中有不少都是中国人从未获过的。当谈及最在乎哪一个荣誉的时候，他表示，最在乎院士的荣誉。他认为这是很高的荣誉，但是当了院士也并不高人一等，而应该更谦虚、更努力地做事情，才对得起这份荣誉。言谈之中，他没有过多提到美国科学院给他的院士头衔，却反复提起中国工程院院士荣誉。看得出，作为中国人，他更在乎中国科学界对他的肯定。袁隆平还说："我要在90岁前实现杂交水稻大面积示范亩产1200公斤，为党的100岁生日献礼，这是我的一个愿望。"爱国之心，日月可鉴。

"我还有两个梦，一个是禾下乘凉梦，一个是杂交水稻覆盖全球梦。我的心愿是发展杂交水稻，造福全球人民。"这是袁隆平在"感动中国人物"颁奖典礼上的获奖感言——多么崇高而朴素的愿望啊！即使现在名满天下、荣誉等身，他却仍然只是专注于田畴，甘心只做一介农夫。为国为民，无私奉献，袁隆平无愧于"当代神农"这个称号。

改革先锋"厉股份"——厉以宁

自 1984 年在社会上公开演讲、宣传股份制理论至今，30 多年一路走来，几经风雨，几度沉浮，其间共鸣与非议、掌声与棒喝从未间断，由此也使厉以宁本不平坦的学术之路显得愈发不平凡。

厉以宁，1930 年 11 月 22 日出生于江苏省南京市，著名经济学家，中国经济学界泰斗，现任北京大学光华管理学院名誉院长、教授。在中国改革开放 40 年的征程中，厉以宁是位难以绕过的人物，他对中国经济改革所做的最大贡献在于，早在 20 世纪 80 年代改革开放初期就大胆提出了"企业股份制"的建议，并由此获得了"厉股份"的外号。

20 世纪 80 年代初，刚刚走出"文化大革命"磨难的中国百废待兴，大量在"上山下乡"运动中回城的知识青年急需找到工作岗位，就业成了一个影响社会安定的突出问题。1980 年夏，当时的国务院副总理万里主持召开全国劳动就业会议。在这次会议上，厉以宁提出，可以通过组建股份制形式的企业来解决就业问题。他说，股份制企业就是民间集资，不用国家投入一分钱，但可吸收更多的劳动者就业。厉以宁的这次发言，是在高层会议上第一次发出关于股份制的声音，受到了国务院的高度重视。

事实上，股份制作为一种企业组织形式，在改革开放后的中国已经悄然兴起。17 世纪时，荷兰、英国等欧洲国家由于航海业的发展，出现了第一批依赖集资组建起来的股份制企业，极大地推动了早期资本主义的全球扩张。因此，股份制经济实际上是中国在摆脱了计划经济体制后必然要走上的一条道路。厉以宁作为一名学贯中西的经济学家，以其敏锐的目光看到了这种先进的企业组织形式对于推动中国经济发展的重要作用，并为此而大声疾呼。

但是，股份制这种带有资本主义色彩的企业组织形式，在当时无异于颠覆社会主义的"洪水猛兽"。围绕着股份制是姓"资"还是姓"社"的问题，学术界展开了激烈的争论，厉以宁也承受了很大压力。后来，厉以宁在回忆当年的争论时说："不同意我观点的主要有三种人，一种人比较极端，认为我在搞私有化；一种人认为股份制不能解决问题，因为中国环境跟西方国家不一样，中国当时的经济体制还没有完全转型；还有一种人认为中国缺乏企业家。对于后两种意见，我都做了应答，主要是强调股份制实际上是一种新的公有制形式。"从1984年到1986年，厉以宁奔走于全国各地，为宣传股份制做了很多演讲，写了很多文章。

除却经济学家、改革家的光环外，厉以宁还很喜欢写诗，并创作了大量诗词。正如他自己所说的"诗是沉思，词是情"，每首诗词的字里行间都流露着他对国家、对亲人的浓厚情怀和对人生、对社会的深刻思考。

"梦里过荒丘，寒意飕飕，醒来小院却温柔。不是阶前花未谢，心正无忧。人世似江流，好景悠悠，此行何必再寻舟。遥望波涛东逝去，方到中游。"

经济学研究需要的是冷峻和逻辑，创作诗歌需要的却是激情，没有情感的诗只能是文字游戏，无法打动人。作为经济学大家的他，其诗词却以情感人、以情动人，这也是他的诗词能透人心脾的最主要力量。

除了力倡股份制改革，助推民营经济发展，主张扶贫开发、林权改革、低碳经济外，他还主持了《证券法》及《证券投资基金法》的起草，对中国基金行业发展贡献重大。

自1984年在社会上公开演讲、宣传股份制理论至今，30多年一路走来，几经风雨，几度沉浮，其间共鸣与非议、掌声与棒喝从未间断，

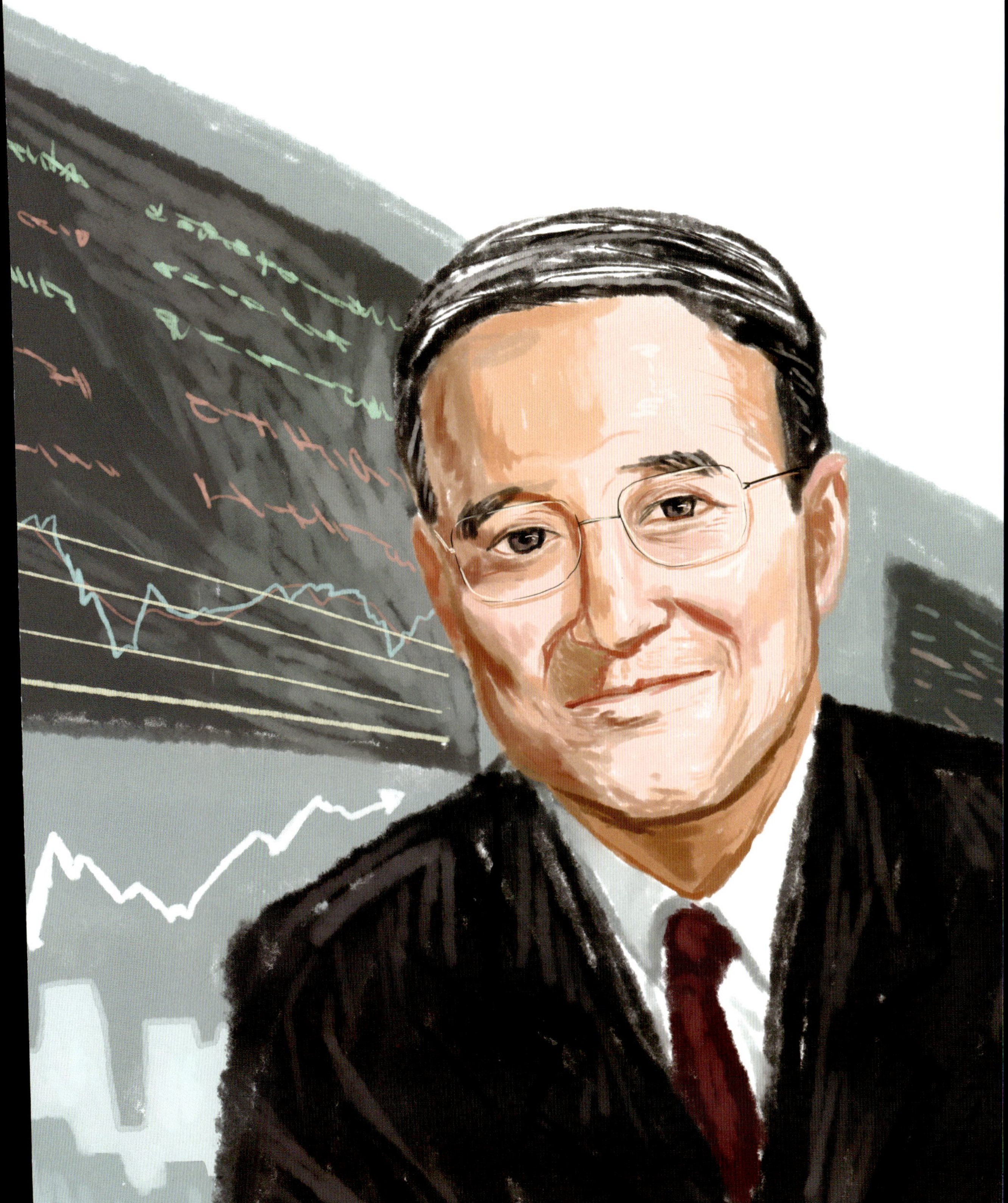

由此也使厉以宁本不平坦的学术之路显得愈发不平凡。20世纪90年代初，随着上海、深圳两家证券交易所的建立，中国终于有了属于自己的股票市场且渐趋完善，厉以宁和他"厉股份"的名头也就此载入了中国股市发展的历史画卷。而受他影响和教导的诸多知名弟子，如今也都在国民经济建设的方方面面建树颇多，这些成就深深影响着我们的日常生活。

萃青蒿精华，救万千生命——屠呦呦

> 屠呦呦用她的青蒿素人生告诉我们，有一种力量叫坚持，有一种榜样叫平凡中的伟大。

屠呦呦，1930年12月30日出生于浙江宁波，我国著名科学家、药学家。她多年从事中药和中西药结合研究，创制新型抗疟药青蒿素和双氢青蒿素。这种药品可以有效降低疟疾患者的死亡率，能够挽救全球特别是发展中国家数百万人的生命，她也因此获得诺贝尔生理学或医学奖，成为首位荣获科学类诺贝尔奖的中国人。

初闻屠呦呦的人，都会被她的名字所吸引。呦呦是鹿鸣声，典出《诗经·小雅》的名句"呦呦鹿鸣，食野之蒿"。或许是巧合，或许是冥冥中早已注定，在《诗经》流传近3000年后，这位叫"呦呦"的女科学家和她的研究团队，竟然真的从青蒿中发现了专门治疗疟疾的药物"青蒿素"。

1969年，中国中医研究院受国家委托，开始了抗疟药的研究任务。屠呦呦从那时起便潜心领导课题组从历代医籍、本草、民间方药中收集整理了2000余方药，并在此基础上编写了以640种药物为主的《抗疟单验方集》，对其中200多种中药开展了实验研究，历经380多次失败，终于在1971年成功获得青蒿抗疟成分。1972年，屠呦呦和她的团队终于从该有效部分中分离得到抗疟有效单体，并将其命名为青蒿素。这是一种高效、速效、低毒的新结构类型抗疟药，对各型疟疾特别是抗性疟疾有特效。

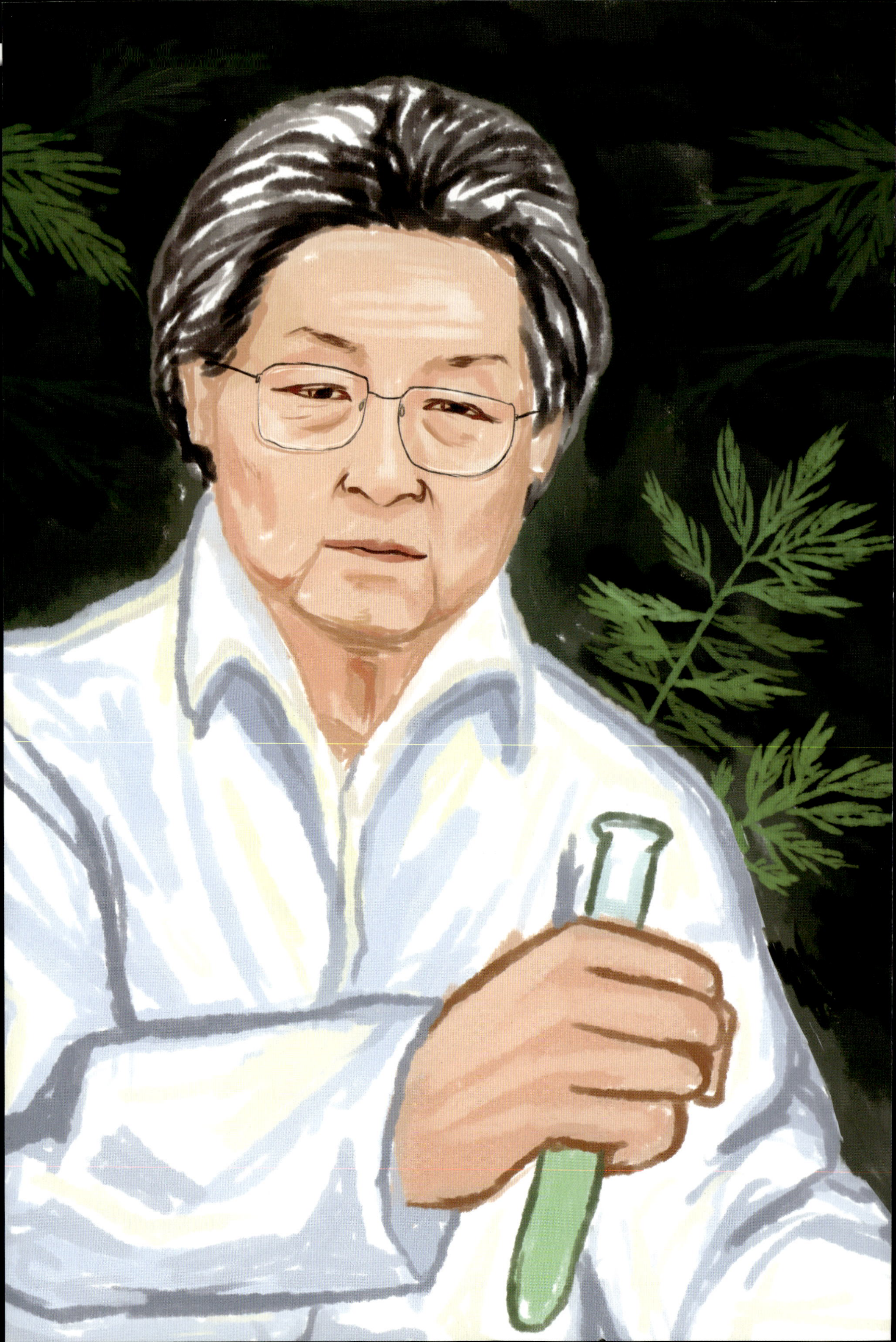

380多次失败，这是常人难以想象的挫折和付出，但不服输的屠呦呦硬是扛了下来，并且等到了成功的那一天。2015年10月5日，瑞典卡罗琳医学院在斯德哥尔摩宣布，中国女药学家、中国中医科学院中药研究所首席研究员屠呦呦与来自爱尔兰的威廉·坎贝尔和来自日本的大村智，共同获得2015年诺贝尔生理学或医学奖。这是中国科学家首次凭借在中国本土进行的科学研究而获诺贝尔奖，是中国医学界迄今为止获得的最高奖项，同时，屠呦呦也是第一位获得诺贝尔奖的中国籍女性。

面对荣誉与光环，屠呦呦显得十分平静："荣誉不是我个人的，还有我的团队，还有全国的同志们。""这是属于中医药集体发掘的一个成功范例，是中国科学事业、中医中药走向世界的一个荣誉。"

淡泊名利、献身于科研，在中医科学院中药研究所工作的55年里，除参加过为期两年半的学习班，屠呦呦几乎没有长时间地离开过东直门附近的那座小楼。时至今日，年逾八旬的屠呦呦依旧经常出现在那座小楼的一间办公室里。

"我的梦想是用古老的中医药，促进人类健康，让全世界的人们都能享受到它的好处。"屠呦呦在自传中这样写道，"青蒿素就是古老中药的馈赠。我相信，中国医药将帮助我们战胜危害世界各地人们生命的疾病。"耄耋之年的屠呦呦提到的梦想仍是关于古老的中医药。

没有博士学位，没有留洋背景，没有院士头衔，曾经，她被戏称为"三无"科学家。但正是这样一位"三无"科学家的与世无争、不忘初心，才使得科学研究的本质得以体现，才使得人类生存的一大威胁得到遏制。

2018年"感动中国人物"颁奖词对屠呦呦作出这样的评价："青蒿一握，水二升，浸渍了千多年，直到你出现。为了一个使命，执着于千百次实验。萃取出古老文化的精华，深深植入当代世界，帮人类渡过一劫。呦呦鹿鸣，食野之蒿。今有嘉宾，德音孔昭。"屠呦呦用她的青蒿素人生告诉我们，有一种力量叫坚持，有一种榜样叫平凡中的伟大。

芝麻小官，"小巷总理"——谭竹青

> 凭着一种厚重的责任感，她走百家门，知百家情，解百家难，暖百家心，解决家庭矛盾，消除不和谐隐患，为社区群众办了许多实事，虽然只是一名最基层的社区干部，却也是当之无愧的"小巷总理"。

谭竹青，1931年生，曾任长春市东站街道十委社区党委书记、居委会主任，2005年12月不幸病逝。她一生都在走街串巷干社区工作，一干就是48年，曾获得全国优秀共产党员、全国社区工作者楷模等160多项荣誉称号，被人们亲切地称为"小巷总理"。

20世纪70年代，由于附近没有一家幼儿园，东站街道十委社区居民都为子女入托难的问题而苦恼。房秀琴有两个孩子，由于附近没有幼儿园，她只好每天送两个孩子去很远的幼儿园之后再去上班。冬天，孩子们身上穿着厚厚的棉衣，房秀琴抱着他们挤公交车非常吃力，总是因为挤不上车而上班迟到。房秀琴觉得十分辛苦，就拉着脸去找谭竹青，问她为什么社区不办幼儿园。谭竹青和颜悦色地答道："咱们现在不是没钱嘛，等攒够了钱，立即就把幼儿园办起来。"

1978年，十委社区终于把办幼儿园的钱凑齐了。谭竹青非常高兴，立即请来设计人员为幼儿园设计图纸。可是，按照图纸上的设计面积，修建幼儿园需要占用她家的半间房子。大家都建议压缩原来的设计，可是谭竹青不同意，坚持要把自己家的房子拆掉。她的儿媳妇不同意，哭着问："这世界上哪有拆自家房子办公家事的道理？"谭竹青说："盖幼儿园是造福子孙后代的大事，而且有那么多孩子要来上学，不能委屈了他们呀！"后来，谭竹青想办法说服了儿媳妇，家里的那半间房子很快就被拆掉了。幼儿园建成后，附近居民再也不用为送孩子上幼儿园而发愁。可谭竹青家的房子却只剩下几平方米，而他们一家竟又在那间狭小的房子里住了十多年。

住在十委社区138组的藏金海一家非常贫困。藏金海没有工作，妻子又患有小儿麻痹症，需要靠双拐走路。他们的女儿藏莹莹出生后，本来就十分贫困的家更是穷得快揭不开锅了。谭竹青知道后，决心尽力帮助这一家人。她经常抽出时间帮助照顾小莹莹，后来还出钱帮小莹莹完成了学业。

1996年，东站街道十委社区进行棚户改造，把藏金海一家人居住的小棚子拆掉了。由于小棚子没有房本，所以开发商按照规定没有给藏家分房子。藏金海一家人没有了住处，又因为贫困买不起房子，简直被逼到绝路。为了解决他们一家人的住房问题，谭竹青多次去找开发商，最后终于帮他们争取到一套房子。后来，她还出钱帮藏金海开了一个小杂货店，解决了他的就业问题。

"上有国务院，下有社区办。""为官一任，就得造福一方。"这些话不仅常挂在谭竹青的嘴边，也在她的工作中体现得淋漓尽致。近半个世纪以来，谭竹青天天都忙碌在这样一些琐碎、平凡，甚至平庸的事务里。凭着一种厚重的责任感，她走百家门，知百家情，解百家难，暖百家心，解决家庭矛盾，消除不和谐隐患，为社区群众办了许多实事，虽然只是一名最基层的社区干部，可以说是"芝麻小官"，却也是当之无愧的"小巷总理"。

上任之初，十委社区只有三条胡同一条街，由于社区环境差，被人们形容为"都市里的村庄"。上任后，谭竹青带领居委会的工作人员在工作之余挖沙子、捡砖头，从一家小吃店开始，艰苦创业。渐渐地，居委会拥有了鞋厂、服装厂等17家企业，固定资产达2000多万。有了钱，

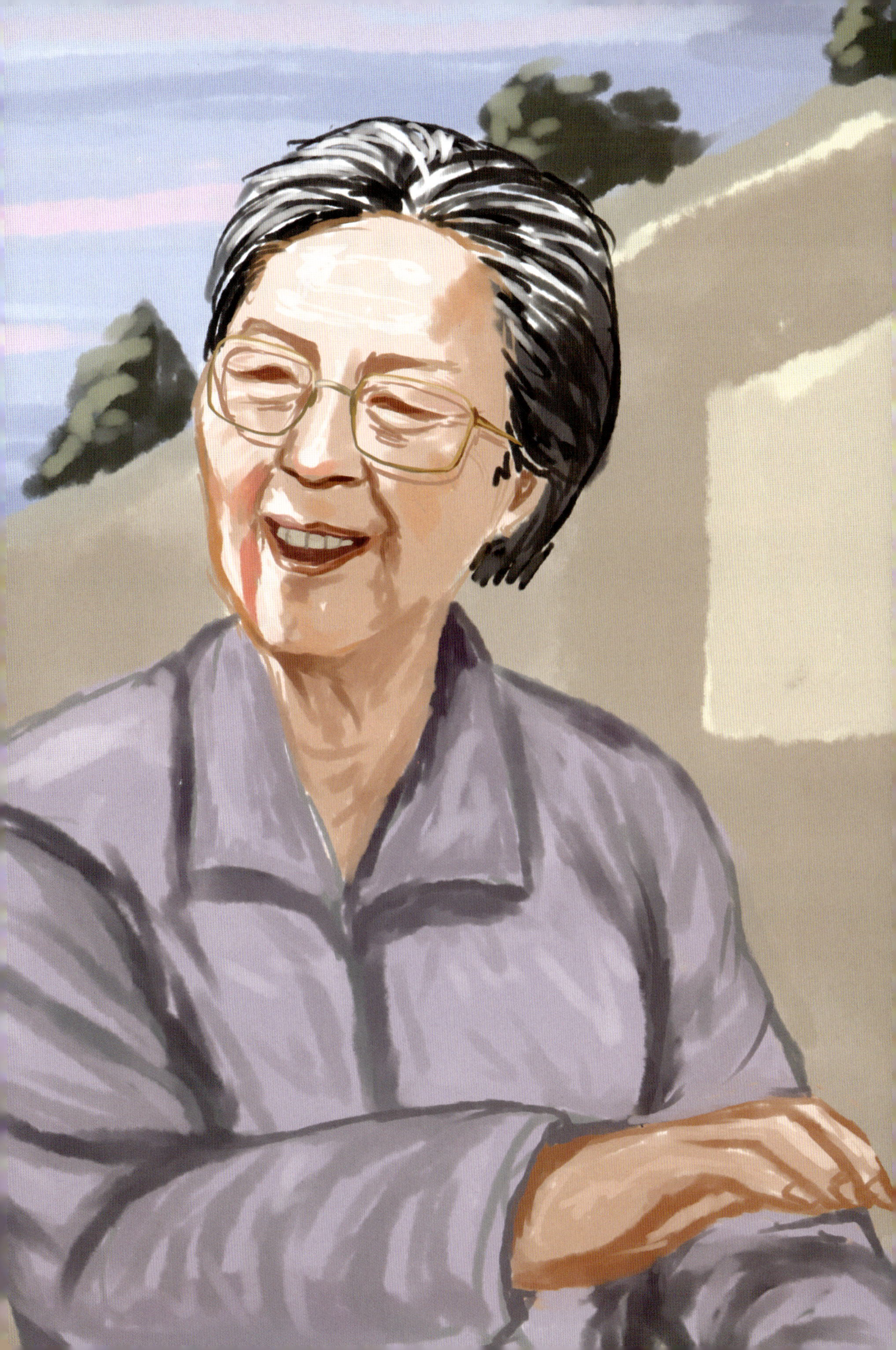

居委会办起了幼儿园、养老院，还为社区内部分困难群众解决了医疗、教育等生活难题。

作为东北老工业区，东站街道十委社区里的下岗居民不在少数。为此，她提出"有下岗，无失业"的目标，上下奔走，通过招商引资建起一座室内市场，并将社区内的数百名下岗工人安排进去就业。不久之后，500多户居民住进了崭新的楼房。

惊天大事不常有，小事见功力。谭竹青一生所做的大多数事情，也许普通人也做得到，但难的是有多少人可以把别人的普通小事当作自己心里的大事办；难的是有多少人可以48年如一日，兢兢业业地张罗着同样的小事。从青丝到白发，容颜变了，但谭竹青的岗位从未改变。由于长期工作在一线，任务重，操心多，2005年冬天，谭竹青因病住进医院，不久便去世了。

从此，十委社区的办公楼里再也见不到谭竹青，但她的精神却从未远离这片土地——人们含着泪在社区的办公楼里专门开辟了一间"谭竹青事迹展厅"。如今，到社区工作的新人，第一项任务就是要当好展厅讲解员，先做谭竹青故事的讲述人，再做谭竹青精神的践行者。"芝麻小官"，何小之有？

敢于担当的"义乌之父"——谢高华

在谢高华的带领下,一批又一批义乌人从事着各类商品贸易活动,不仅实现了发家致富,改变了自身命运,更让中国商品大规模地走出国门,走向全世界。

谢高华,1931年生,浙江省衢州市人,曾任浙江省义乌县县委书记等职。提到谢高华这个名字,也许你并不熟悉。但如果提到中国义乌小商品市场,想必不仅中国老百姓耳熟能详,就连很多外国友人都"久闻大名"。作为全球最大的小商品市场,从那里输送到全世界各地的产品至今仍然广泛地影响和改变着人们的生活。

谢高华正是义乌小商品市场的创始人。1982年,他领导的义乌县县委做出了正式开放义乌小商品市场的决定,首创"兴商建市"的区域经济发展战略。这个"胆大包天"的举动,从此让谢高华的名字被永远地镌刻在义乌超常发展的丰碑上,他也因此被称为"义乌之父"。

1980年8月,时年40岁的义乌人冯爱倩摇着拨浪鼓做起了小商品零售,她做梦也不会想到此后自己的所作所为会给义乌乃至中国经济带来什么样的改变。当时,她所想的,只是希望靠自己的努力改变一下贫困的家庭境遇。由于她是偷偷摸摸地在县城摆小摊,还引起别人纷纷效仿,于是屡次受到取缔、打击。要知道,在当时的社会环境下,摆小摊被视作"资本主义尾巴"和"投机倒把"行为,后果很严重。

没有其他出路的冯爱倩只能去找当时的义乌县县委书记谢高华反映情况。她把谢书记堵在县委门口,责问政府为什么不让老百姓摆地摊。谢高华将她请到了办公室。最终,感慨于民生所需、民意所向的谢高华做了一个非常简单却影响了中国经济发展进程的回复:"你去摆小摊好了!我告诉有关部门不取缔你的地摊。"就这样,冯爱倩幸运地成为义乌第一个取得"鸡毛换糖"许可证的小商贩,这也是义乌第一本个体商业营业执照。

这件事给谢高华的触动很大。不久,在经过充分的调研之后,谢高华带领义乌县委做出了一个当时被人认为是冒天下之大不韪的创举——开放位于义乌湖清门的小商品市场,同时"允许农民进城经商,允许长途贩运,允许城市市场开放,允许多渠道竞争"。"四个允许"使得义乌市场由此催生,并成为义乌第一代小商品市场的雏形。从此,义乌改头换面,涅槃再生。"义乌奇迹"开始了。

"开放市场,出了问题我负责。"对于开放的风险和人们善意的提醒,谢高华淡然地说,"我这顶乌纱帽,撤掉就撤掉,撤掉了我就回家种田嘛。"

几十年来,义乌小商品市场经历了 8 次搬迁、10 次扩建,昔日的露天市场如今已是国际商贸大厦,每年有数万外商来义乌批发采购,包括五金制品、塑料制品、纺织品在内的 3 万多种小商品每天由此被发往地球的各个角落。伴随着中欧班列的通行,义乌小商品市场的出口货物量也大幅攀升,其中一半销往"一带一

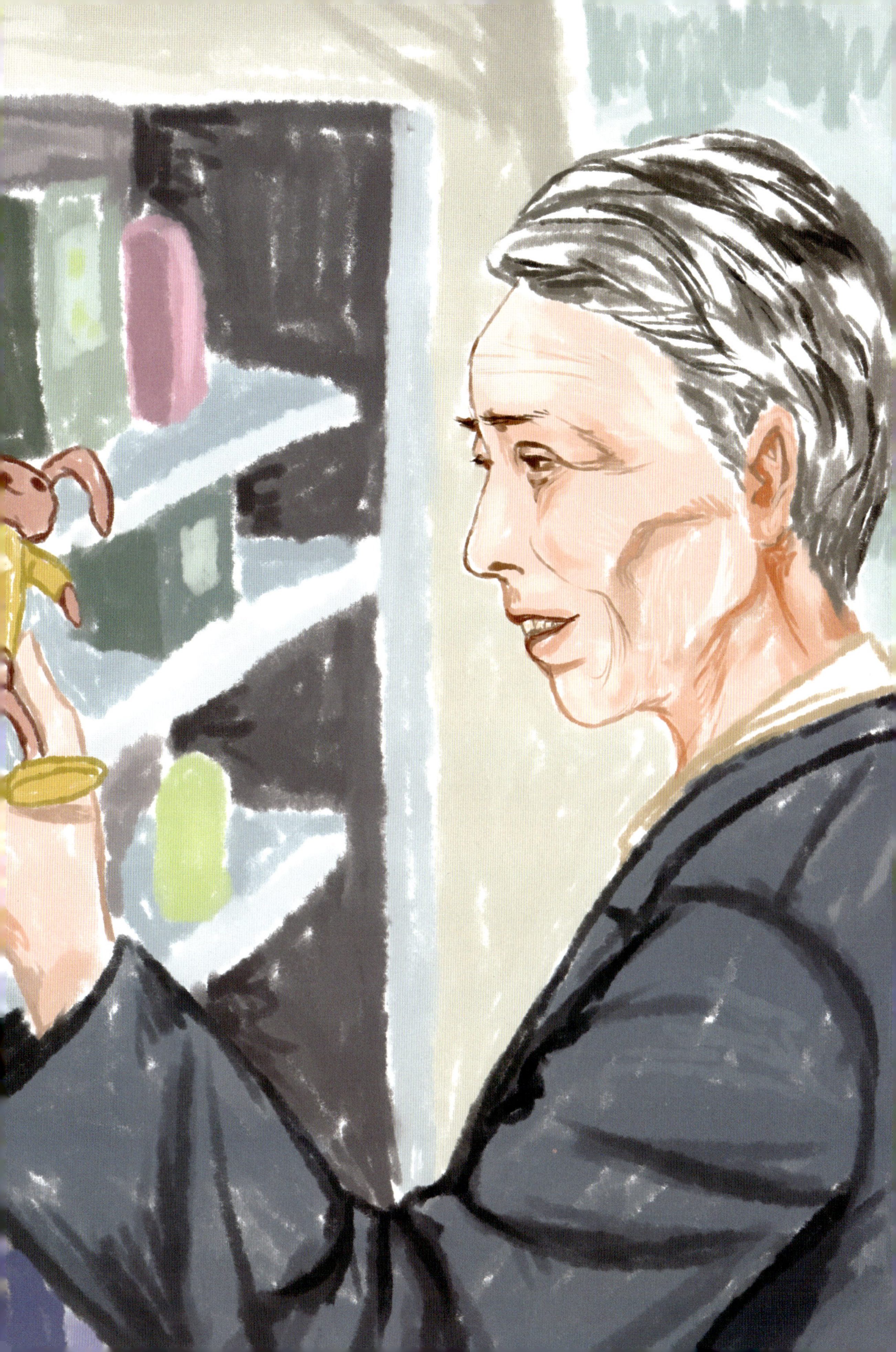

路"沿线国家。在谢高华的带领下，一批又一批义乌人从事着各类商品贸易活动，不仅实现了发家致富，改变了自身命运，更让中国商品大规模地走出国门，走向全世界。"中国制造"的品质在逐年提升，中国产品的含金量如今更是在以义乌人为代表的新一代经营者手中不断增加。

一方面，谢高华为了改革"胆大包天"、敢于担当；另一方面，他的每一次大胆决定都是为了老百姓能过上好日子。谢高华曾在义乌多个公开场合强调："当官不为民做主，不如回家卖红薯。封建官吏尚能如此，何况我们共产党的干部。"在义乌，他没有一处房产，没有一间商铺，也从未持有任何义乌企业的股票。就连在上海工作的小孙女想到义乌考察市场，他也一再叮嘱："不准打着我的旗号在义乌谋便利。"

2018年12月18日，在庆祝改革开放40周年大会上，谢高华以"义乌小商品市场的催生培育者"的殊荣获得"改革先锋"的称号。在回忆起这段在义乌大刀阔斧的改革经历时，他说："义乌的市场是人民的伟大创造。""我们都是从人民当中来的，我又不会做生意，群众才是真的英雄。"

"敦煌女儿"——樊锦诗

"白天想的是敦煌，晚上梦到的还是敦煌。"50多年来，从青丝到白发，从少女到耄耋老人，樊锦诗为"敦煌母亲"交出了一份问心无愧的科研答卷。

樊锦诗，浙江省杭州市人，1938年出生于北京，曾任敦煌研究院院长，现任敦煌研究院名誉院长、兰州大学兼职教授、敦煌学专业博士生导师。自1963年从北京大学毕业至今，樊锦诗已在敦煌研究院工作50余年，毕生致力于石窟考古、石窟科学保护和管理，被誉为"敦煌女儿"。

"我今年80岁，能为敦煌做事，我无怨无悔！"樊锦诗出生在北京，成长于上海，1958年考入北京大学考古系。刚考上北大时，樊锦诗根本没想过自己将来会到沙漠工作，更不会想到这一去就是50多年。回忆起当时的抉择，樊锦诗把它归因于一次"偶然"。

1962年，经学校安排，樊锦诗和3名同学到敦煌文物研究所实习。虽然事先有些心理准备，但当地生活的艰苦程度还是超乎了他们的想象。"在敦煌洗完头之后，头发都是黏的，因为水的碱性太高了。"但即便如此，毕业时，研究所向学校要人，樊锦诗还是留了下来。"那个时候，报效祖国，服从分配，到最艰苦的地方去，是青年人的主流价值观。"更何况，敦煌已经令她着迷。"越接触敦煌，越觉得它真是深不及底；越了解敦煌，也就越热爱敦煌。"于是，那年夏天，樊锦诗这个瘦弱的年轻女子背着大大的背包，头戴草帽，满怀理想，坐上了从北京到敦煌的火车。那一年，她25岁。1984年，敦煌文物研究所扩建为敦煌文物研究院。

樊锦诗见证了这一切。现在，在研究院的一个不起眼的角落里，人们仍能看见一座以初到敦煌的她为原型的雕像，叫作《青春》。

来到气候恶劣的大西北，住进莫高窟旁边的破庙，工作的艰辛尚不必说，生活的"落差"更是连许多七尺男子汉都承受不住。单位里只有一部手摇电话，通信困难；电力设施不完善，晚上只能用蜡烛或手电照明；上趟厕所更要跑很远。"说没有犹豫动摇那是假话，和北京相比，那里简直就不是同一个世界，到处是苍凉的黄沙。"

但最终她还是坚持了下来。因为一天天下来，敦煌石窟已成为她生命中的一部分。"白天想的是敦煌，晚上梦到的还是敦煌。" 50多年来，从青丝到白发，从少女到耄耋老人，樊锦诗为"敦煌母亲"交出了一份问心无愧的科研答卷。在考古研究方面，她完成了敦煌莫高窟北朝、隋及唐代前期的分期断代，得到了学术界的普遍认可。同时，由她主持编写的26卷大型丛书《敦煌石窟全集》对百年敦煌石窟研究做出了集中展示。

担任敦煌研究院第三任院长后，她带领团队更加积极地致力于敦煌石窟的保护和传承工作。为了让这些存留千年的脆弱艺术瑰宝"活"得更久，她费尽千辛万苦构建"数字敦煌"——为每一个洞窟、每一幅壁画和每一尊彩塑建立数字档案，利用数字技术让莫高窟"容颜永驻"，开创了敦煌莫高窟开放管理新模式。2016年4月，"数字敦煌"上线，30个经典洞窟的高清数字化内容及全景漫游首次通过互联网向全球发布。与此同时，她还在全国率先开展文物保护专项法规建设，探索科学保护石窟的理论与方法，为敦煌莫高窟文物和大遗址保护、传承与利用做出了突出贡献。为此，学术大师季羡林在2000年敦煌百年庆典上用了一个词形容樊锦诗所做的一切：功德无量。

然而，作为一名女性和母亲，在致力于石窟保护和管理的同时，樊

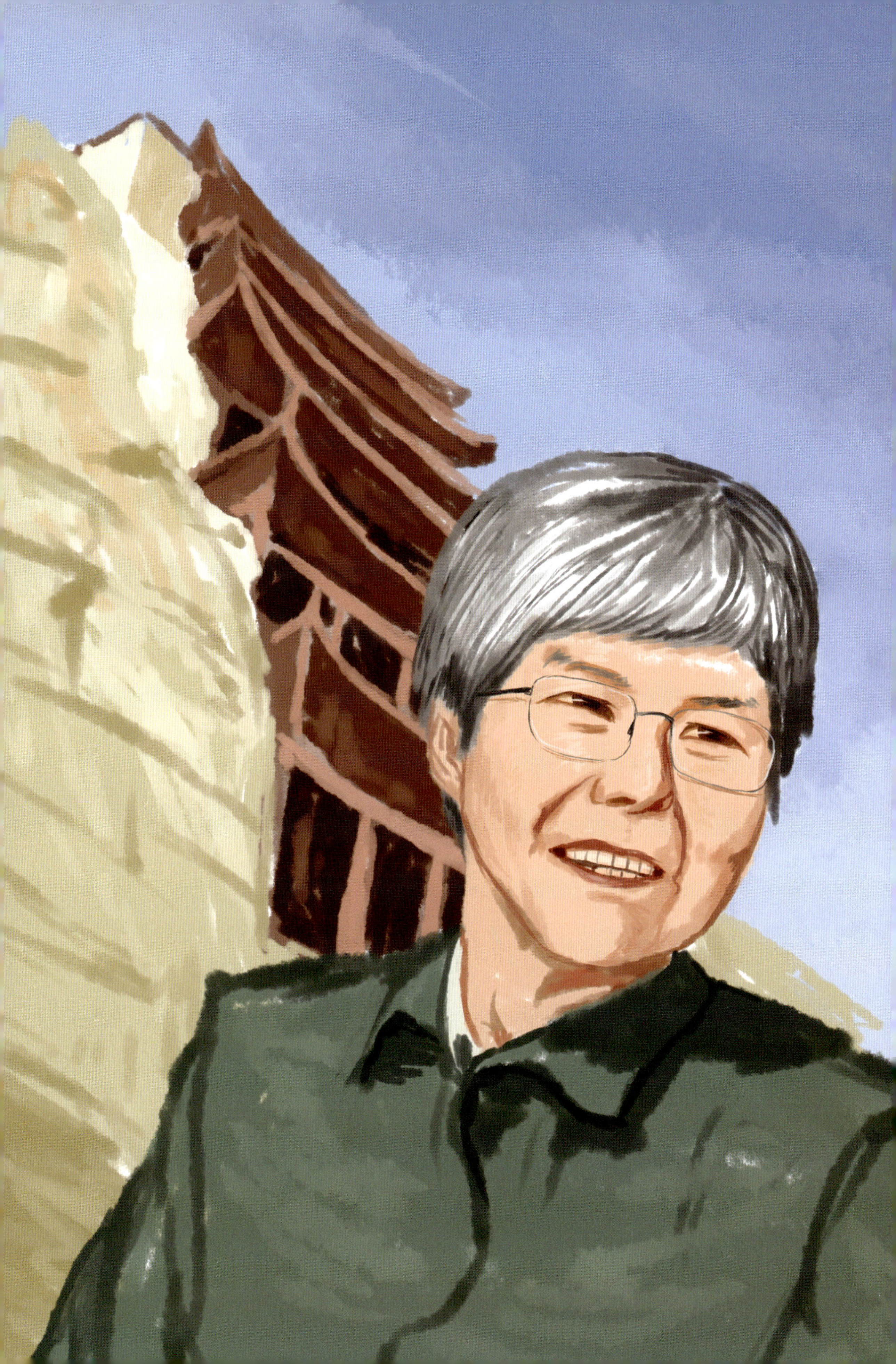

锦诗对家庭和孩子又何尝没有眷恋之情。她的丈夫彭金章曾说道:"别人都觉得她是个坚强的女人,孤独地守护着茫茫大漠中的莫高窟。可她毕竟还是个女人,我对她两次为孩子落泪记忆犹新,一次是在敦煌,一次是在我河北老家。"

回忆往事,樊锦诗说:"我至今仍对这个家怀有深深的歉疚,尤其是对孩子。"谈到敦煌,她又说:"如果我死时让我留一句话,我就留这句——我为敦煌尽力了。"

"只做平凡事，历史色长新"——雷锋

> 雷锋的一生虽然没有创下惊天动地的英雄伟绩，却以赤子之心在身后燃起生生不息的精神之火，感召千千万万的普通人去思考一个人的一生究竟应该怎样度过。

雷锋，原名雷正兴，1940年出生于湖南长沙，中国人民解放军战士，1962年意外因公殉职，年仅22岁。雷锋的一生宛若划过天际的流星，短暂又辉煌。他对后世影响最大的是以其名字命名的"雷锋精神"，这是一种以无私奉献精神为基本内涵，在实践中不断丰富和发展着的革命精神。它影响了后来一代又一代的中国人。

雷锋的童年非常不幸。他的祖父、父亲、母亲和哥哥相继悲惨死去，弟弟也饿死在家中，他年仅7岁就沦为孤儿，在六叔公和六叔奶奶的拉扯下才艰难地活了下来。新中国成立后，雷锋光荣入伍，从此有了温暖的革命大家庭，过上了没有后顾之忧的新生活。从那时起，他就下定决心一定要勤奋学习、努力进步，尽自己的一切力量多多帮助他人、多多奉献自己。

1960年，雷锋被分配到部队运输连当驾驶员。由于运输任务重，他必须整天驾驶货车东奔西跑，很难抽出时间学习，于是他把书装在挎包里随身带着，只要车一停，没有其他工作，他就坐在驾驶室里看书。他曾在日记中写下这样一段话："有些人说工作忙，没时间学习，我认为问题不在于工作忙，而在于你愿不愿意学习、会不会挤时间。学习的时间是有的，问题是我们善不善于挤，愿不愿意钻。一块好好的木板，上面一个眼也没有，但钉子为什么能钉进去呢？这就是靠压力硬挤进去的。

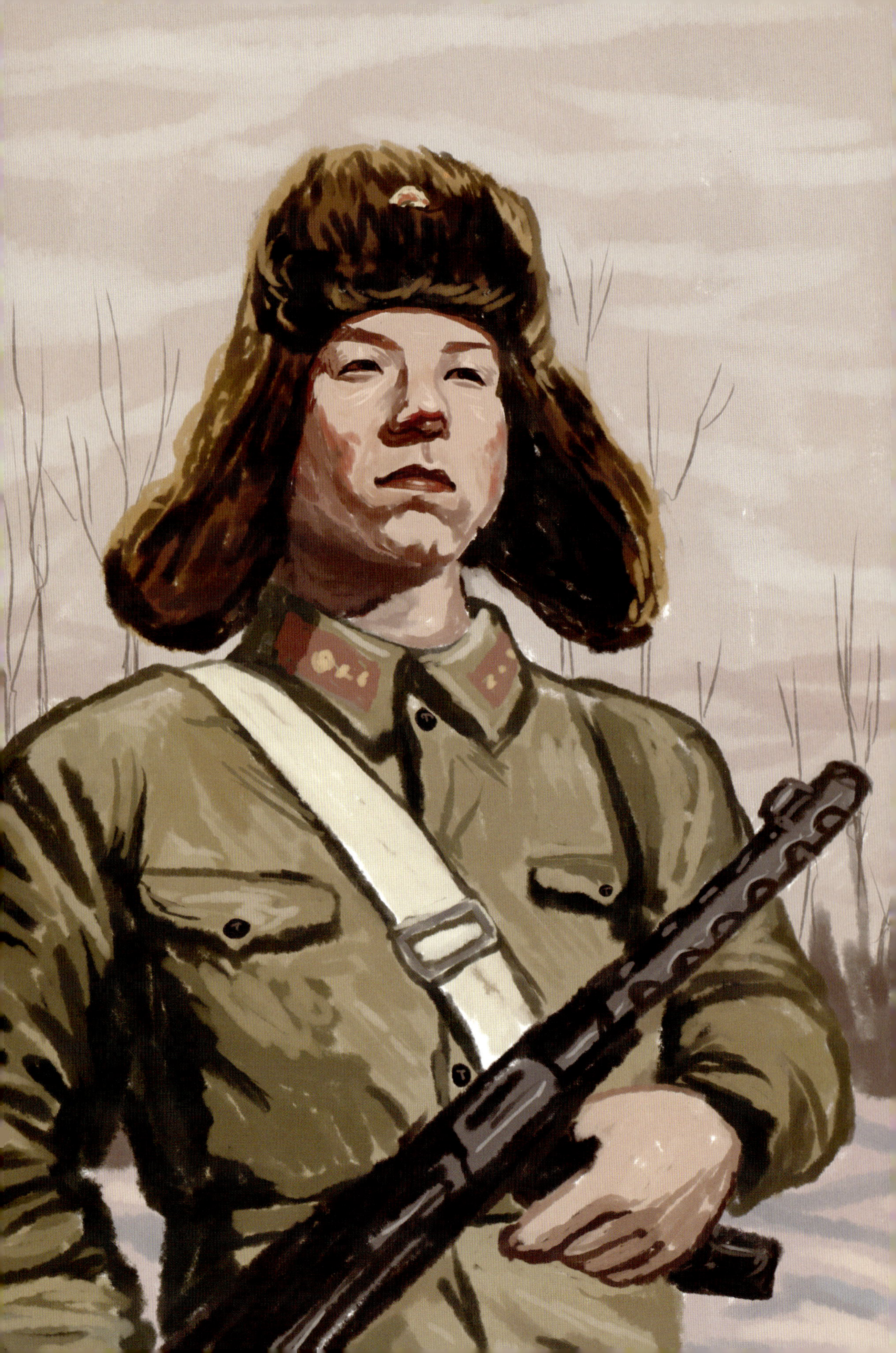

由此看来，钉子有两个长处：一个是挤劲，一个是钻劲，我们在学习上也要提倡这种'钉子精神'，善于挤和钻。"

在学习上，他不折不扣地践行了"钉子精神"，业余时间几乎都被挤来读书学习；学习上遇到困难更是不轻易放弃，总要想方设法钻研明白。据统计，他在短暂的一生中，光学习心得和笔记就写了9本近20万字。作为一名普通士兵，这在那个年代实属不易。

工作、学习之余，雷锋的时间几乎都用来帮助有需要的人，即便出差路上也不例外。"雷锋出差一千里，好事做了一火车。"提到雷锋做好事的故事，年纪大些的人们经常会想起这句话。

雷锋一生究竟做了多少好事，没有人说得清。我们知道的只是他在捐光了自己的全部积蓄后，被人笑作"傻子"；他为了帮战友补裤子，半宿不睡觉；在他去世后，无数陌生人为他真心哭泣；党和国家的许多领导人都因他感动，为他题词。

很多人总以为，雷锋是在参军之后才开始表现突出。其实在入伍之前，他就已经是个难得的好少年。他17岁时就被评为县委机关工作模范；18岁就曾捐款20块钱帮助县里采购拖拉机，成为全县青少年中捐款最多的一个，还在县报上发表了一篇文章《我学会了开拖拉机》；在鞍钢工作的一年零两个多月里，他3次被评为先进工作者，5次被评为红旗手，18次被评为标兵……入伍第一天，刚刚20岁的雷锋便作为新兵代表在全国欢迎新战友大会上发言；两年后，又以特邀代表的身份出席了沈阳军区首届共产主义青年团代表会议，并被选为主席团成员，在大会上发言。

一个人的优秀不是短时间可以造就的，更不是靠做几次好事就能够证明的。雷锋精神对于当代青少年的最大启示在于：首先要树立端正的、高尚的价值观；其次要长期坚持，处处自律，在力所能及的范围内，做最好的自己。

　　雷锋的一生虽然没有创下惊天动地的英雄伟绩，却以赤子之心在身后燃起生生不息的精神之火，感召千千万万的普通人去思考一个人的一生究竟应该怎样度过。真可谓生如一棵草，逝若满天星。"只做平凡事，历史色长新"，让我们真诚地向雷锋同志学习！

"把自己当泥土吧！让众人把你踩成路"
——孔繁森

> "远征西涯整十年，苦乐桑梓在高原。只为万家能团圆，九天云外有青山。"孔繁森用藏区万家团圆的青云之志勉励自己，要义无反顾，要奋斗，要坚持。

孔繁森，山东聊城人，1944年出生，曾任西藏日喀则地区岗巴县县委副书记、拉萨市副市长、阿里地区地委书记等职，1994年11月在工作途中发生车祸，以身殉职，年仅50岁。去世后，孔繁森这个生前默默无闻的名字因其感人事迹响彻中华大地，成为全国人民尤其是党政干部学习的榜样。

1979年，国家需要从内地抽调一批干部到西藏工作，时任山东聊城地委宣传部副部长的孔繁森主动请缨前往，并写下"是七尺男儿生能舍己，做千秋鬼雄死不还乡"的条幅以明心志。

阿里地区地处西藏西北部，平均海拔4500米，被称为"世界屋脊的屋脊"。这里地广人稀，气候严寒，最低温度达零下40多摄氏度，每年有140多天都刮着7级至8级大风。恶劣的自然环境和艰苦的生活条件让许多人望而却步。

调藏工作期满后，组织任命他为阿里地区地委书记。这也意味着他将继续留在西藏工作。此时孔繁森原本可以要求回家乡工作，但最终他还是毫不犹豫地服从了党的决定、人民的需要。而这次留任，竟使他再也没有机会回到家乡。

为了尽快改变阿里地区的落后面貌，孔繁森进行了大量实地调查和深入研究的工作，带领群众尝试多种脱贫致富的路子。不到两年的时间，他跑遍了全地区106个乡中的98个，行程8万多公里。这里是西藏最偏僻、平均海拔最高的地区，常常走一天也看不到一个人影。饿了吃口风干牛羊肉，渴了喝口山上流下的雪水，路途艰苦异常，孔繁森却十分乐观，经常风趣地对随行人员说："高原没有污染，这是上等矿泉水，快来尝尝。等我们开发出来了，让外国人花美元来买！"如今，雪域高原的矿泉水真的如他所讲广受欢迎，可惜斯人已逝多年。

在孔繁森的勤奋工作下，阿里地区不仅在经济上有了较大发展，还战胜了一场极其罕见的特大暴风雪。在对抗暴风雪的两个多月间，全区没有冻死一人、饿死一人，孔繁森自己却花白了头发，黑瘦了很多，甚至跟身边人交代了后事。

1994年11月29日，孔繁森亲自带队到新疆西南部的塔城进行边贸考察，希望借鉴经验回来发展阿里地区的旅游和边境贸易项目，却不幸在路况不佳的返程途中发生车祸。几页路上刚刚写完的"关于阿里发展的12个亟待解决的问题"，竟成了他留在高原上的绝笔。

"远征西涯整十年，苦乐桑梓在高原。只为万家能团圆，九天云外有青山。"孔繁森生前留下的诗篇，生动地概括了他在高原的工作心境及状态：十年间，远离妻儿老母，远离故乡，由援藏到调藏，回家的路越来越远，阿里的需要却近在眼前。他用藏区万家团圆的青云之志勉励自己，要义无反顾，要奋斗，要坚持。

没人说得清，身为领导干部的孔繁森在西藏究竟做了多少实实在在的好事。下乡时，他总是随身携带一个药箱，靠着在部队掌握的医术，亲自为群众防病治病——对身处边远落后地区的普通藏民来讲，这无异于及时雨、雪中炭。一次，他看到一名藏族老人的鞋破了，脚被冻得又

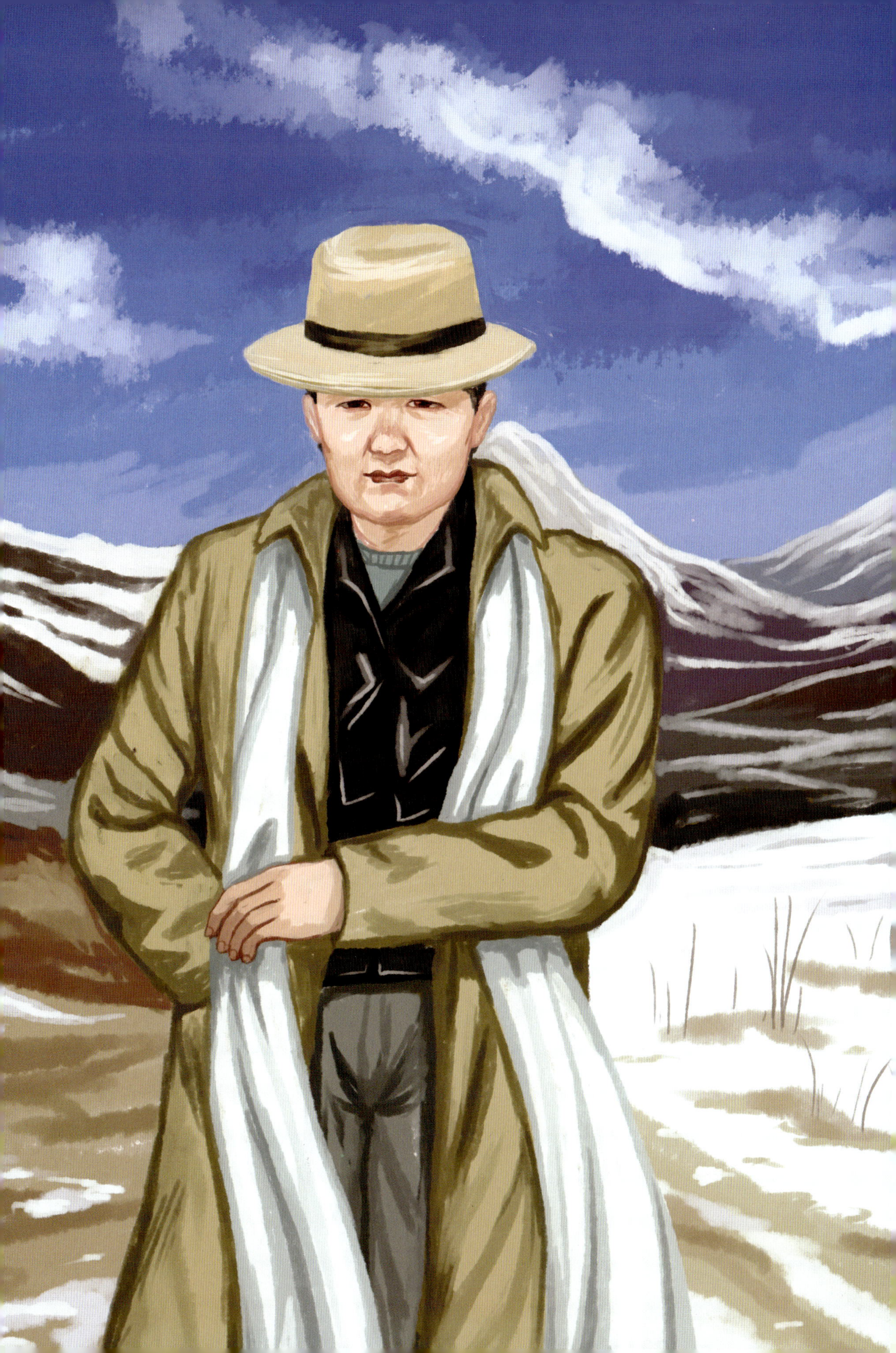

红又肿,立即心疼地把老人的双脚抱在怀里;还有一次,遇到一名老人肺病发作,浓痰堵塞了咽喉,他将胶管伸进老人嘴里,将痰一口一口地吸出来……1992年,拉萨市附近发生了地震,震后,孔繁森收养了3个在地震中失去亲人的藏族孤儿。突然间要亲自照顾、培养3个孩子,而且在山东老家自己还有3个孩子,加上体弱多病的老母,他的经济压力可想而知。为了给孩子们多争取些生活费,他竟偷偷跑到西藏军区总医院,先后献血3次,微薄的工资也大部分花在了接济生活困难的藏族群众身上。少则百十元,多则上千元,接济群众是常有的事。可他牺牲时,身上却仅有8.6元钱,听到此事的人无不动容。

"一尘不染,两袖清风,视名利安危淡似狮泉河水;两离桑梓,独恋雪域,置民族团结重如冈底斯山。"这副悬挂在孔繁森葬礼上的挽联,高度概括了他甘于奉献、为人民服务的一生,同时也传达出藏族同胞对他的思念。如今,进出阿里的公路宽阔平整,机场雄伟壮观;当地群众住上了宽敞房屋,各种家用电器成为家家户户的标配——阿里人民正和全国人民一起,向祥和富足的小康生活奔赴着。孔繁森生前憧憬的图景,正渐渐变成现实。

"把自己当泥土吧!让众人把你踩成路。"泥土的确化身无形,却也恰恰因此而永生。

老百姓的"孝子"和"慈父"——邱娥国

27年的从警生涯中,邱娥国的确不曾破获引人注目的大案要案,更少有机会与犯罪分子正面较量、生死搏杀。他在户籍民警这个平凡得不能再平凡的岗位上付出半生真情,收获一路敬意。

邱娥国,1946年出生于江西省进贤县,1964年9月入伍,在十几年军旅生涯中,多次立功受奖。1979年12月,他参加公安工作,曾任南昌市公安局西湖分局广外派出所民警和筷子巷派出所民警、副所长。

2018年12月18日,在庆祝改革开放40周年大会上,邱娥国作为全国公安系统唯一代表,获得"改革先锋"称号。一个普通民警,且退休已经十几年,他何以成为这举国精挑的100位"改革先锋"之一?是的,他没有金光闪闪的头衔,没有令人艳羡的简历,更没有值得人们仰望的业绩,但这份荣誉却当之无愧。原因只有一个:他有民心民意!民心民意大过天!

从"小邱"到"老邱",从无名到"出名",一路走来,邱娥国扮演过太多角色。他是孤寡老人的孝子,是迷路孩子的慈父,是后辈警官的师父,更是违法闹事分子闻声忌惮的人民警察。据说曾有一群人闹事斗殴,听到"邱娥国马上要来劝架"的消息,立刻偃旗息鼓,急急撤了。大家笑言,这是"人虽不在江湖,江湖却总有他的传说"。人退休了,威风不灭。

威风的底气来自正义的心、善良的品质和无私的胸怀。从入警当户籍民警的第一天起,几十年来,邱娥国几乎天天都要到辖区内去转,即使白天工作再忙,晚上也要打着手电转上一趟,长年累月,少有间断。

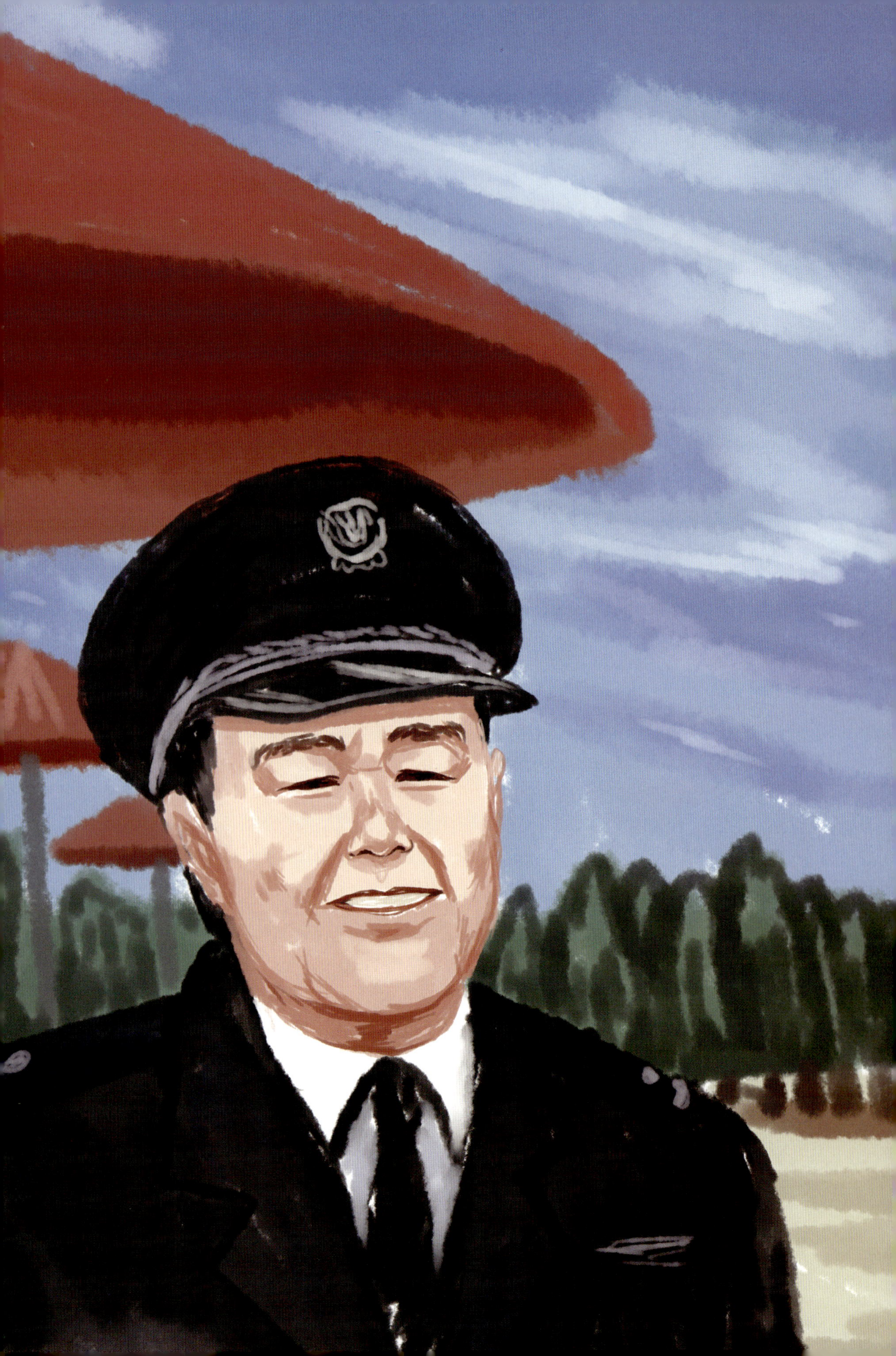

有人帮他计算过,他在辖区走的路几乎可绕地球3圈。

派出所是公安机关为群众排忧解难的最基层单位,户籍民警更是需要天天和群众打交道。从担任户籍民警的第一天起,邱娥国就把老百姓满意不满意作为衡量自己工作效果的基本标尺。辖区居民的事,能办的他定会第一时间给群众办,不能办的也会耐心地对群众解释清楚,从不会讲"不归我管""不知道",更不会厌烦焦躁、大吼大叫。

几十年来,为生活困难的辖区居民出力跑腿、捐钱捐物、找工作、办低保、解决矛盾、疏通邻里关系、照顾孩子、帮扶老人……这些都是邱娥国的日常工作,如家常便饭。他的工作深深影响着身边每一个人对于当代人民警察的印象,让他们真真切切地感受到:警察真的是"生活的拐杖"、人民的靠山。

象山南路一家居民房子漏雨,邱娥国借来工具,连夜上门帮着修理屋顶;半夜三更,辖区里一位生病的老太太不肯上医院,子女只好请来邱娥国,他三劝两劝,背着老太太就去了医院;一家台球室营业到后半夜,吵得居民无法入睡,邱娥国找到老板,一起商量着调整了营业时间……在别人眼里,邱娥国管了很多闲事,但他却没把这些事当"闲事"。"这些事看上去不属于派出所户籍民警的职责范围,但实际上都是一个人民警察应该做的事情。"邱娥国说。

在长期的工作实践中,邱娥国不仅用心干,还用心总结。他摸索总结出的户籍民警"一图、二本、三诀、四勤、五心"工作法,如今不仅是年轻警员的"工作指南",更是居民评价一个优秀社区民警的民意标杆。"一图"即辖区平面图;"二本"即各项工作记录本、警民联系本;"三诀"即各种工作方法口诀;"四勤"即勤走、勤问、勤记、勤思考;"五心"即工作要有责任心、处理问题要公心、金钱面前不动心、百姓平安记在心、为民服务要真心。除此之外,他还坚持做到"串百家门、认百家人、知百家情、办百家事"，采取了"警民联系卡""警民联系牌"等便民措施，这些措施如今都在全国公安系统落实推广，为基层治理发挥了重要作用。

在将近30年的从警生涯中，邱娥国的确不曾破获引人注目的大案要案，更少有机会与犯罪分子正面较量、生死搏杀，他的战场太平凡，平凡到社区居民们甚至常常会忘记他是个警察，而觉得他更像东家年少孤儿的"慈父"、西家孤寡老人的"孝子"。他在户籍民警这个平凡得不能再平凡的岗位上付出半生真情，收获一路敬意。

"金奖银奖，不如老百姓的夸奖！"说出这句话时，邱娥国很欣慰。

"一个有出息的工人"——包起帆

> "我不是天生的发明家。我是从装卸工开始发愤努力的,当时只想做一个有出息的工人。现在,我有了很多'头衔'。如果说我成功了,我其实只是做了一个有出息的工人。"

包起帆,1951年出生于浙江省宁波市,上海国际港务(集团)股份有限公司原副总裁、原技术中心主任,拥有多项发明,人称"抓斗大王",是伴随改革开放成长起来的中国新型产业工人的代表。

1968年,不到18岁的包起帆成为了上海港的一名装卸工。他工作的地方恰是上海港最大的运输木材和矿石的专业化码头。每天,从世界各地运来的木料不计其数,细的直径有碗口那么粗,粗的直径足有一人高。而当时装卸这些原木的手段非常原始,包起帆和工友们只能先下到船舱,用28毫米粗的钢丝把木头捆起来,再利用吊机吊到舱外,其间人必须在木材堆上爬来爬去。整个过程充满了危险。

他清楚地记得,从进港到1981年,短短十几年间,他所在的码头先后死了十几名工人,重伤和轻伤的多达500多人。而他自己也曾身受重伤,更亲眼目睹过3名兄弟惨死眼前,3个人的年龄加起来还不到80岁。

工人兄弟间朴素的情感使包起帆强烈地感受到,一定要想出科学办法,摆脱危险,摆脱繁重的人工劳动。"你不搞我不搞,装卸木材还会死人。"从此,业余时间他不是跑图书馆和新华书店,就是日夜待在码头做试验。在领导和同事们的支持下,经过将近3年的艰难攻关,克服了无数困难后,包起帆终于在码头上创造出了一套完整的木材抓斗装卸工艺系统。这项革新填补了国际港口装卸工具长期以来的空白，再也不需要装卸工人们下到船舱用人力去捆扎木材。自此，上海港不仅再未发生过重大伤亡事故，而且装卸效率提高了很多倍。

木材抓斗初战告捷，他又把目光瞄准了"铁老虎"。那时，船上搬生铁、卸废钢等工作也完全依赖人力，工人们常常累得爬不上船舱，而且作业时灰尘很大，极度危害人体健康。于是，包起帆又先后发明了"单索生铁抓斗"和"新型液压抓斗"，等等。这些创新和发明针对的都是码头装卸工作中的薄弱环节，一线工人出身的包起帆对其危险性非常清楚，因此改良的意愿也很迫切。所有效率低、成本高、不安全的生产环节，都是包起帆和他的同事们下大力气搞创新的突破点。

短短几年，包起帆发明了大大小小五六十种抓斗，这些成果解决了一批关键技术难题，使港口装卸从人力化迈向了机械化，不仅被推广到了全国港口，还在铁路、电力、环卫、核能等30多个行业广泛应用。

近些年，他又致力于推动港口从机械化向自动化变革的步伐，创造性地提出中国港口内贸标准集装箱水运工艺系统，并于1996年开辟了中国水运史上第一条内贸标准集装箱航线。

他的许多发明分获国内、国际大奖。2006年5月，在国际发明界最权威的展会——第95届巴黎国际发明博览会上，包起帆一人独获4项金奖，成为105年来一次获得该展会奖项最多的人。"包起帆，中国！"这一声音，在颁奖仪式上一再响彻全场。

面对种种名利，包起帆特意讲述了关于"酒泉"来历的故事。他说："我去甘肃酒泉的时候，才知道那里为什么叫酒泉。原来当年霍去病在那里打了胜仗，他把得到的作为奖赏的美酒都倒入了泉水中，要和所有士兵分享，于是人人都尝到了胜利的喜悦。这个故事对我的触动很大。我不能忘记每一个参与科研创新的人。"

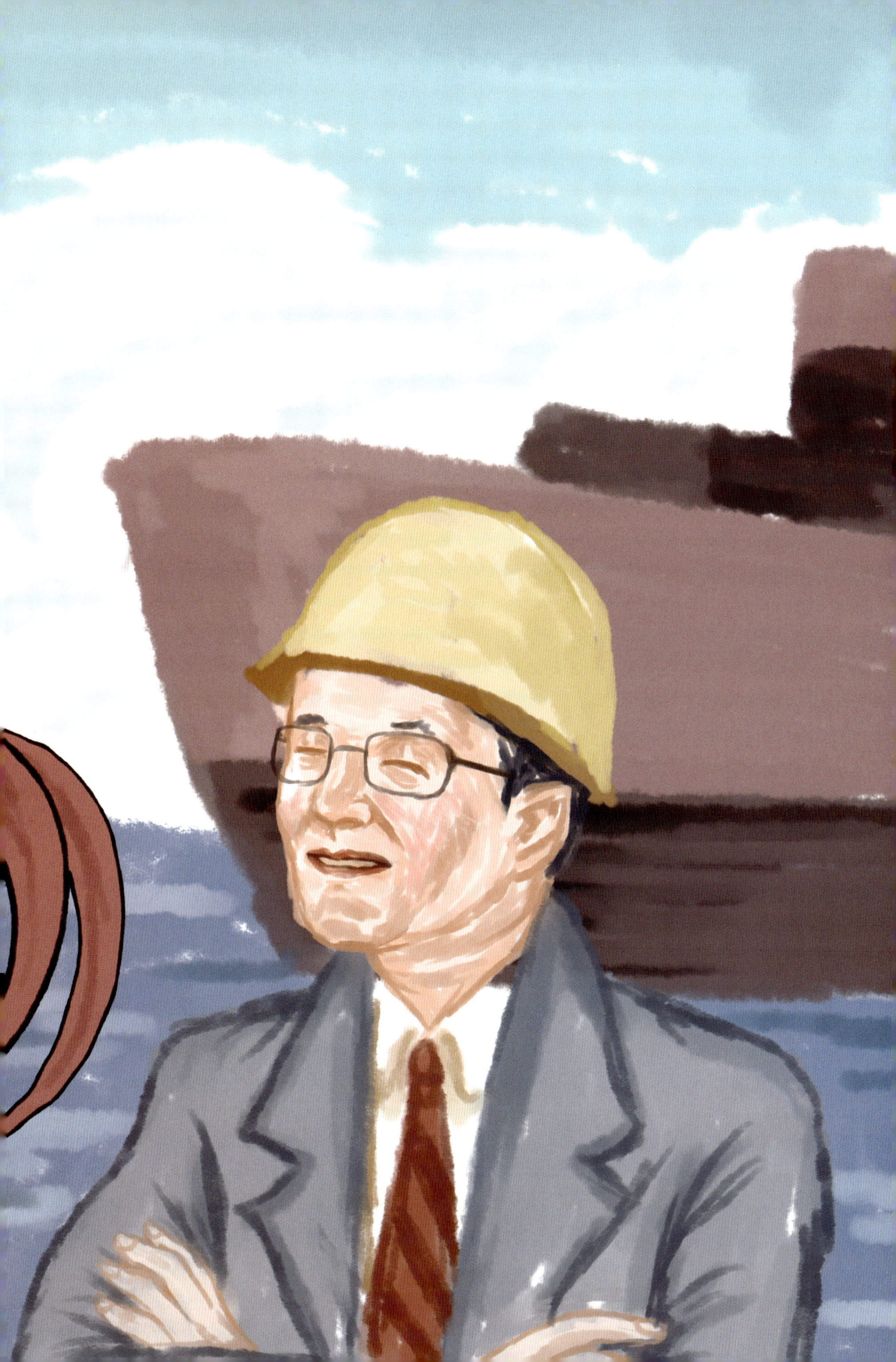

作为上海最早获得国家级专家津贴的技术人员，从1981年开始开展研究工作起，包起帆就给自己立下一个规矩：不管是什么级别的奖金，绝大部分要分给团队同志，属于他个人的奖金要全部送给企业伤残、困难职工。如今，这条自立的规矩已坚持了几十年。

从码头工人到技术骨干、企业带头人、物流专家、国际标准的领衔制定者……在众人眼中，包起帆的人生充满惊叹号，而他自己却认为这没什么好夸耀的，他只是从不愿意在平凡的岗位上停止创新而已。

"我不是天生的发明家。我是从装卸工开始发愤努力的，当时只想做一个有出息的工人。现在，我有了很多'头衔'。如果说我成功了，我其实只是做了一个有出息的工人。"

"维护公平正义之心永不退休"——张飚

> "虽然我已经退休了,但党员的身份永不退休,为人民群众提供法律帮助、维护法律尊严、维护社会公平正义的心永远不会退休!"

张飚,1952年9月出生,陕西蒲城人,原新疆维吾尔自治区石河子检察院检察官。从1980年入职到2011年退休,他在基层检察院检察官的岗位上尽职工作了31年,默默保障着国家法律的准确实施、正确实施,曾获得全国模范检察官、年度法治人物等多项荣誉。

在职期间,张飚长期从事监所检察工作,主要职责是监督监狱和看守所是否正确履行法律程序。这项工作非常辛苦,原因之一在于石河子是一座戈壁深处的新兴城市,监狱通常离市区较远,且关押的大多是来自全国各地的重刑犯。同时,工作性质决定了这个岗位常常需要面临情与法的两难选择,但张飚的答案从来不含糊:"遵纪守法是做人的原则和底线。我作为执法的监督者,更不能徇情枉法。""不吃不拿,日子虽清淡,心里却踏实。"的确,打铁还需自身硬。张飚深知,要想监督好别人,首先要做到自身正、自身硬、自身净。

2003年,最高人民检察院组织开展保外就医专项检查活动,张飚负责对石河子监狱相关材料进行审查。审查过程中,他发现一名服刑人员在1995年以父亲病危为由请假45天后,再未回到监狱服刑。有人提醒张飚,这名服刑人员"有背景",但张飚并不理会,两次向公安机关发送官方函文。2005年,这名服刑人员被公安机关抓获并被押解回石河子服刑。看到犯人被押解回监,狱警直夸张飚"了不起"。

面对犯人，张飚既不会因其"背景"而放过他们，也不会因其曾经犯过罪而戴上有色眼镜，漠视他们的正当要求。作为维护社会公平与正义的最后一道防线，检察官的职责就是代表国家进行法律监督。一个检察官能否做到在功利前清醒、在平凡中坚守，对每一个案件、每一个公民都至关重要。一个案子对一名检察官而言也许只是工作中的千分之一、万分之一，但对于当事人，却一定是百分之百，稍有懈怠和差池，或许就会有人为此付出难以挽回的代价。

正因如此，当张飚第一次在石河子监狱看到"不服改造"的犯人张高平时，潜意识里的责任心驱使他对此事重视起来。当时，张飚在做监狱巡查，听说一个叫张高平的犯人不要求减刑，却一直在喊冤。在和张高平进行了一次深入谈话后，张飚调取了他的案件判决书，果真和同事们发现了不少疑点。但这个案子二审早已宣判，张高平、张辉叔侄作为嫌疑人，已分别被判15年有期徒刑和死缓，且已经服刑好几年。用一名女警官对张高平讲的话来说："人家都把你的案子办成铁案了。"想给铁案翻盘，谈何容易！换作别人，很可能会知难而退，但张飚没有——虽然只是个监所检察科的普通检察官，且即将退休，可明知有问题却视若无睹，

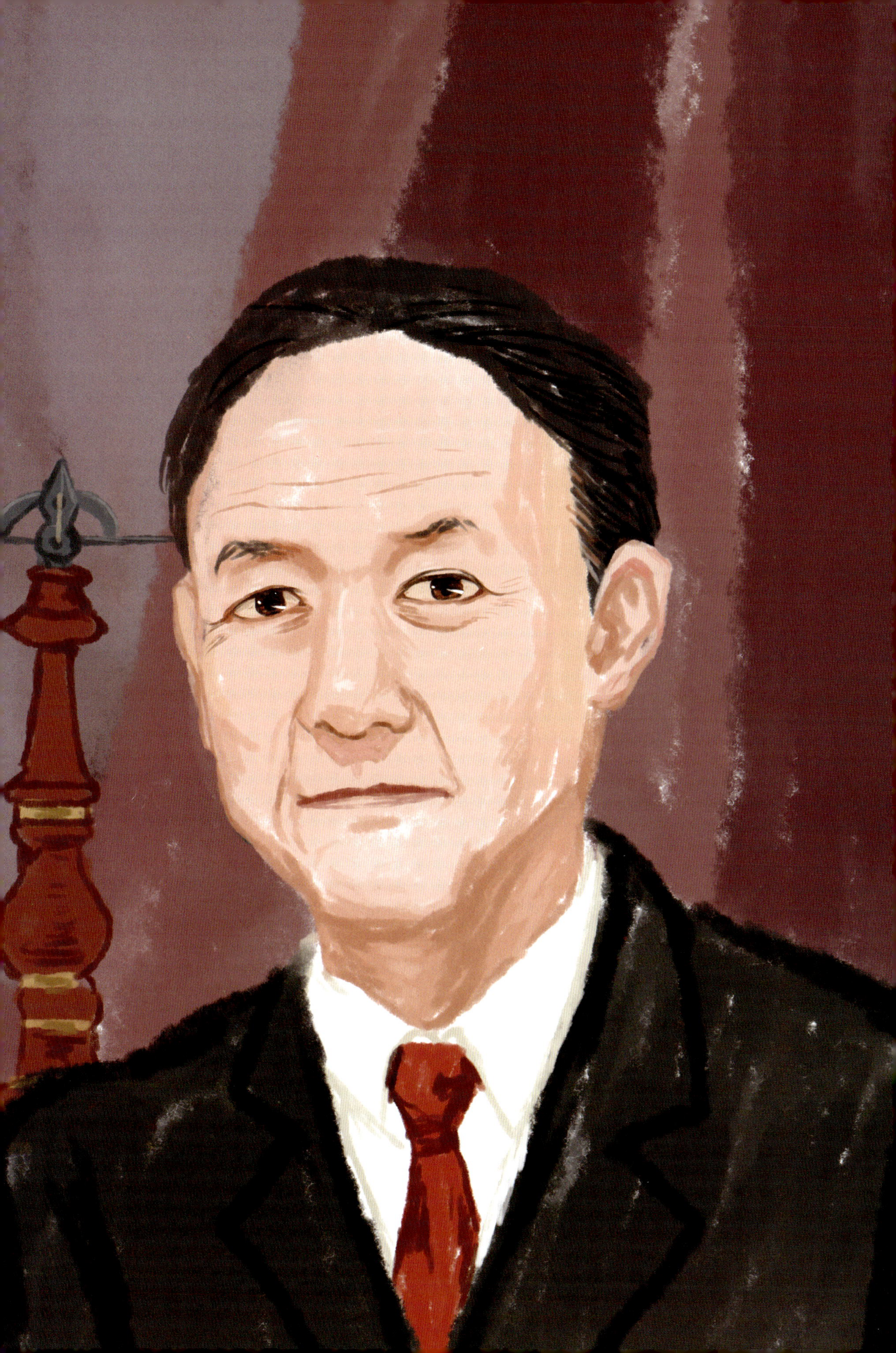

他于心不安。于是，他坚持接下了这个烫手山芋，重启调查。没想到，这一查就是6年，他成了这场冤案得以平反的幕后英雄。

翻案过程充满艰辛和波折，好在领导和同事给了他巨大的支持和配合。回忆起那几年的煎熬，张飚只用了一个简单的词：等待。而等待的背后是"相信"。"哪怕没有成功，还是要相信。这是信仰，如果我们不信仰这个东西，那我们还信仰什么东西？"由于张飚的执着以及多方力量的介入，法院最终撤销了对张高平、张辉叔侄的原审判决，宣告二人无罪。二人重新获得了已经失去10年的自由。"干一件事就得成一件事。不然，党和国家让你待在这个岗位上干什么呢？"

事件曝光后，张飚受到了各种表彰，突然从默默无闻的普通人变成媒体追逐的对象，这使他既惶恐又不安。他反复强调冤案的平反"靠大家，靠单位，靠集体，如果突出我个人，我觉得不太公平"。此前，他甚至都从未向家人提及这件事，家中晚辈还是从新闻中得知他的参与。

工作30多年间，张飚一共审查了减刑、假释人员7000余人，没有出现过一次差错。退休后，他还经常收到来自全国各地的各种求助，虽因退休无法为求助者解决实质问题，但张飚仍会认真对待每一个人，耐心告诉他们正规的流程，再尽可能地为他们反映诉求，"为大家做一些尽我所能的事"。

"虽然我已经退休了，但党员的身份永不退休，为人民群众提供法律帮助、维护法律尊严、维护社会公平正义的心永远不会退休！"

库尔班的办学梦——库尔班·尼亚孜

"看着毕业的孩子们走出封闭的乡村，走出乌什县，走出新疆，到更广阔的世界学习生活，我的梦想实现了。"

库尔班·尼亚孜，维吾尔族，出生于1964年5月，新疆阿克苏地区乌什县依麻木镇国家通用语言小学校长。

2003年5月，库尔班·尼亚孜用自己的全部积蓄在家乡创办了一所国家通用语言小学。16年来，这所学校先后接纳了近2000名少数民族学生在此学习国家通用语言和中华优秀传统文化，并因此改变了命运。用教育改变贫困，用文化增进团结，这所学校的兴办，不仅以星星之火点燃了南疆地区的孩子们接受双语教育的必需之势，也使它的创办者库尔班·尼亚孜成了当之无愧的民族团结进步的示范者和践行者。

1986年，作为从偏远闭塞地区走出来的第一个大学生，库尔班·尼亚孜从新疆大学汉语言文学专业毕业，成为阿克苏职业技术学院的一名教师。随后，追逐着"下海"的大潮，库尔班·尼亚孜开过超市、饭店、药店，经商的足迹遍及了大半个中国，真正实现了衣食无忧、经济独立。

然而，作为见多识广、受过良好教育、有知识、有思想的新一代维吾尔族青年，库尔班的梦想却并非止步于走天下、多赚钱。他心中隐隐期待着能为家乡的发展和进步做些"授之以渔"的贡献。

一次，一位老奶奶带着出水痘的孙女来库尔班的药店买药，库尔班向老人热情地介绍治疗方法，可老人却始终念叨着，说孙女生的病"是因为有人嫉妒她长得漂亮，诅咒了她"！一件件小事积少成多，终于使库

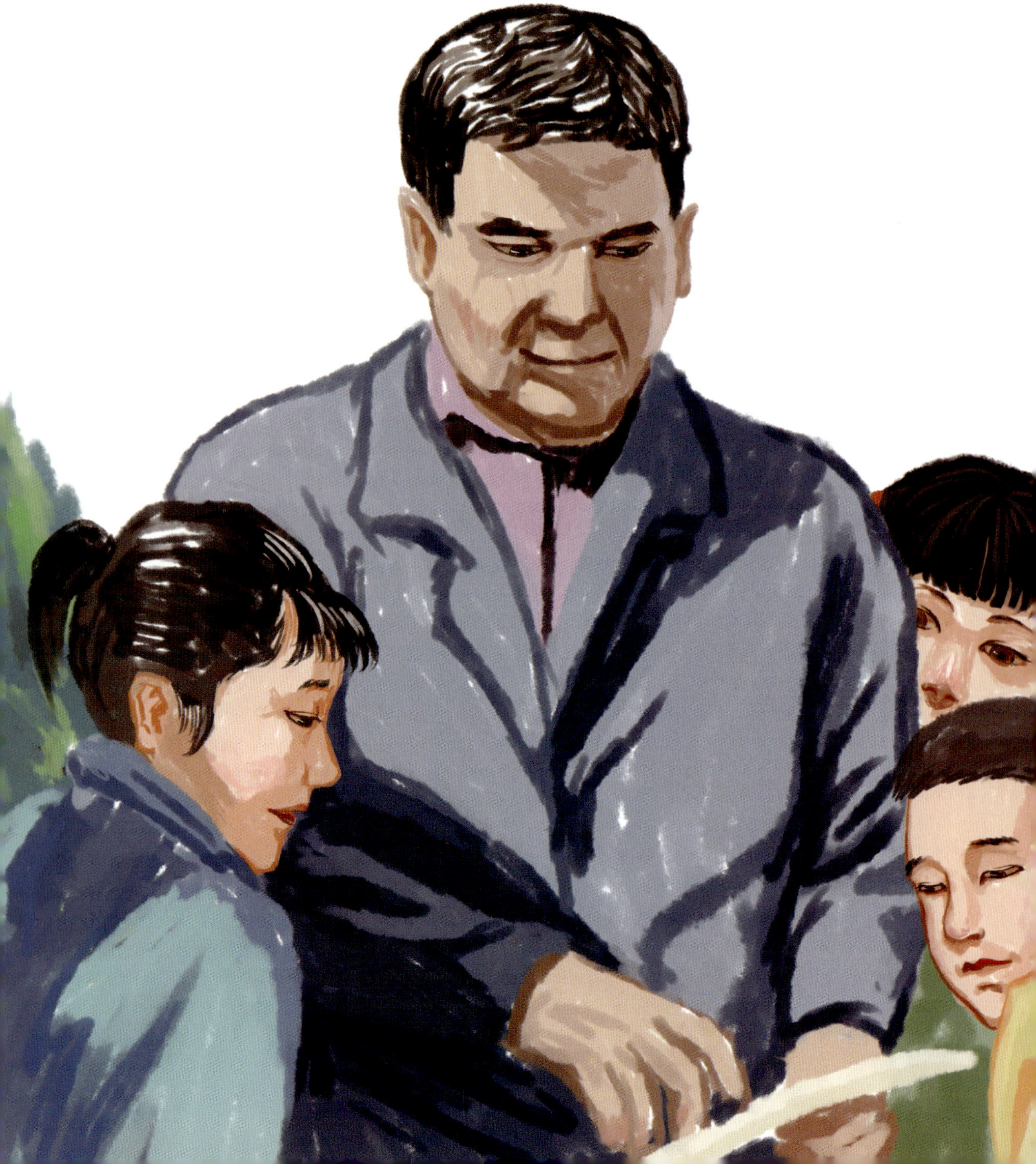

尔班意识到，真正阻碍人们过上好日子的不完全是经济的落后和交通的闭塞，根本原因在思想认识和文化认同。然而，家乡绝大多数人都不会说汉语，要想学习先进的知识和文化谈何容易。几经考量，库尔班决定自己出钱创办一所国家通用语言小学，先从语言和思想方面慢慢改善家乡面貌。

说干就干！很快，校舍在镇里党组织的支持下建成了。硬件有了，库尔班又费尽心力找到四位汉族教师，以营造汉语学习的环境。

但事情并不像想象的那么顺利。由于依麻木镇极少有人说汉语，大家都不愿意将孩子送到库尔班的学校。为了招生，他到镇里最热闹的地方拉开横幅："为什么要学国家通用语言？农民种地养羊购买肥料，说明书看不懂怎么办？出去做生意，是不是要交流？很多人没出过乌什县，国家这么大，你们不好奇吗？"

早出晚归，跑遍全乡，库尔班总算招到了87个孩子。为了营造一个良好的学习环境，他购买了彩色滑梯，准备了五颜六色的图画书和玩具，还跟老师们一起积极备课，期待着孩子们的到来。然而，开学第一天就出了状况，由于汉族老师不懂维吾尔语，孩子们不懂汉语，课堂秩序失控，很快乱作一团。有个孩子趁乱跑了出去，一位老师赶紧追出去抱住他，孩子却在她脸上狠狠咬了一口。

学生们全被焦急的家长领走了，老师哭着擦去脸上的血迹。库尔班遇到了一个大难题——难道老师和学生都留不住？

第二天，库尔班开始挨家挨户地对这80多个孩子进行家访，他对家长们发誓："不收一分钱学费，如果两个星期教不好，还倒给你600元！"

孩子们终于回到了校园。库尔班和老师们感到肩上的责任和压力更大了——只有把学校真正办好，把孩子们真正教好，才对得起家长们的托付啊。从此，除了上课之外，其他时间他几乎都在带领老师们讨论和研发新的教学方法，竭尽全力提升孩子们的学习兴趣。不久，变化发生了：有的孩子连晚上做梦都在说普通话。家长们高兴又疑惑地问："你的小学有什么魔力让孩子不吃饭就往学校跑？"

可是，困难依然层出不穷。由于库尔班的学校地处偏僻，交通、生活不便，教学压力大且不是公立学校，教师流失率很高。库尔班一方面理解并支持老师们走向更好的岗位，另一方面又不得不自己咬牙扛下所有的困难。

2010年6月28日，这是库尔班人生中极为重要的一天。学生们报考初中的成绩揭晓：38个孩子竟然有32个考入了"疆内初中班"，占乌什县总录取人数的一半。2016年，库尔班的学生穆萨·图尔贡更以701分的高分被清华大学医学实验班录取。如今，不仅是依麻木镇，连县城甚至外县的家长都排着队想把孩子送到库尔班·尼亚孜的学校上学。

"看着毕业的孩子们走出封闭的乡村，走出乌什县，走出新疆，到更广阔的世界学习生活，我的梦想就实现了。"库尔班欣慰地说。

太行山上新"愚公"——李保国

"我一直认为，干点自己喜欢的事，干成点有益于人民的事，什么时候想起来，都是值得骄傲的。"

李保国出生于1958年，是河北省武邑县人，河北农业大学二级教授、博士生导师。1981年，李保国从河北农业大学毕业后，留校任教，但工作不到一个月，他就响应学校号召，走进太行山，参与建设产学研基地，成为首批课题攻关组中最年轻的成员。而这一去，就是35年的颠簸往返。35年间，他只醉心于一件事——怎样让太行山里的老百姓富起来。

李保国毕业的年代，恰是中国社会开始发生翻天覆地变化的年代。作为当时还很稀缺的大学生，李保国原本有很多更"体面"的选择，可他偏偏"自讨苦吃"，甘愿跑回农村，当起了面朝黄土背朝天的"农民教授"。尽管后来先后获得了许多头衔和荣誉，但李保国说自己最喜欢的还是"农民"二字。"我是农民的儿子，见不得穷，让父老乡亲们都富起来，我的事业才算成功。"

河北省内丘县岗底村，是一个坐落在太行山深处的小村庄，曾是全省有名的贫困村。早年，村里想通过种苹果脱贫，可种出来的都是"小黑蛋子"——咬第一口都是皮，再咬第二口就是果核了。就在村民们陷入绝望之际，李保国跟随科技救灾团来到岗底村考察。临走时，他交给村支书一张字条，上面写着：需要果树管理技术，我可以帮忙。

20天后，李保国真的带着铺盖卷回到了岗底村，从此一头扎进山里，跟果树较上了劲。他每天起早贪黑跑50多里山路查看果树长势，从剪枝、套袋到防病、施肥，手把手地教村民们栽种技术。他向村民们许诺："3年内，要让这些果树长出金苹果。"看到村民们半信半疑的样子，李保国干脆说："损失了算我的！"

他把苹果栽培技术详细分解成128道工序，然后把村民集中起来，一道工序、一道工序地讲大课，课后再针对不同问题，对每家每户进行单独指导。人们常常在果园里看到他忙碌的身影，谁家果树有问题、谁家操作不对，他就直接去谁家果园进行现场辅导。

田间地头之外，他还给村民办夜校、搞培训，请农校老师给果农上课……渐渐地，他硬是把这些祖祖辈辈在贫瘠山沟里"刨食"的农民变成了"技术把式"。到了第三年，果园真的大变样，经他指点培育的富岗苹果竟卖出了百元一个的"天价"——岗底村真的长出了"金苹果"！

"岗底"变成了"富岗"！村民收入连年增加，住上了楼房，开上了小轿车。而李保国却没有任何变化，还是"比农民还像农民"。他仍然是那个穿着胶鞋、挽着裤腿，皮肤黝黑、笑容憨厚的"农村汉子"。用村民们的话说，就是"看着很土，不是个讲究人，啥也吃，啥也干，腰里总别着钢锯和一把大剪刀，问啥教啥，没有一点架子，不像个大教授，普通得跟俺们村里人一个样儿。"

这想必也是李保国听了最受用的话。他说："我这辈子最过瘾的是干了两件事，一个是把我变成农民，一个是把越来越多的农民变成'我'。"

除了"科技财神"的角色，李保国还是"治山能手"。地处邢台市西部山区的前南峪村，常年遭受水旱灾害。"有雨遍地流，无雨渴死牛。""年年种树不见树，岁岁造林不见林。"留不住水土，自然也就没有收成，最穷困时，全村娶不到媳妇的光棍汉有100多个。李保国跟课题

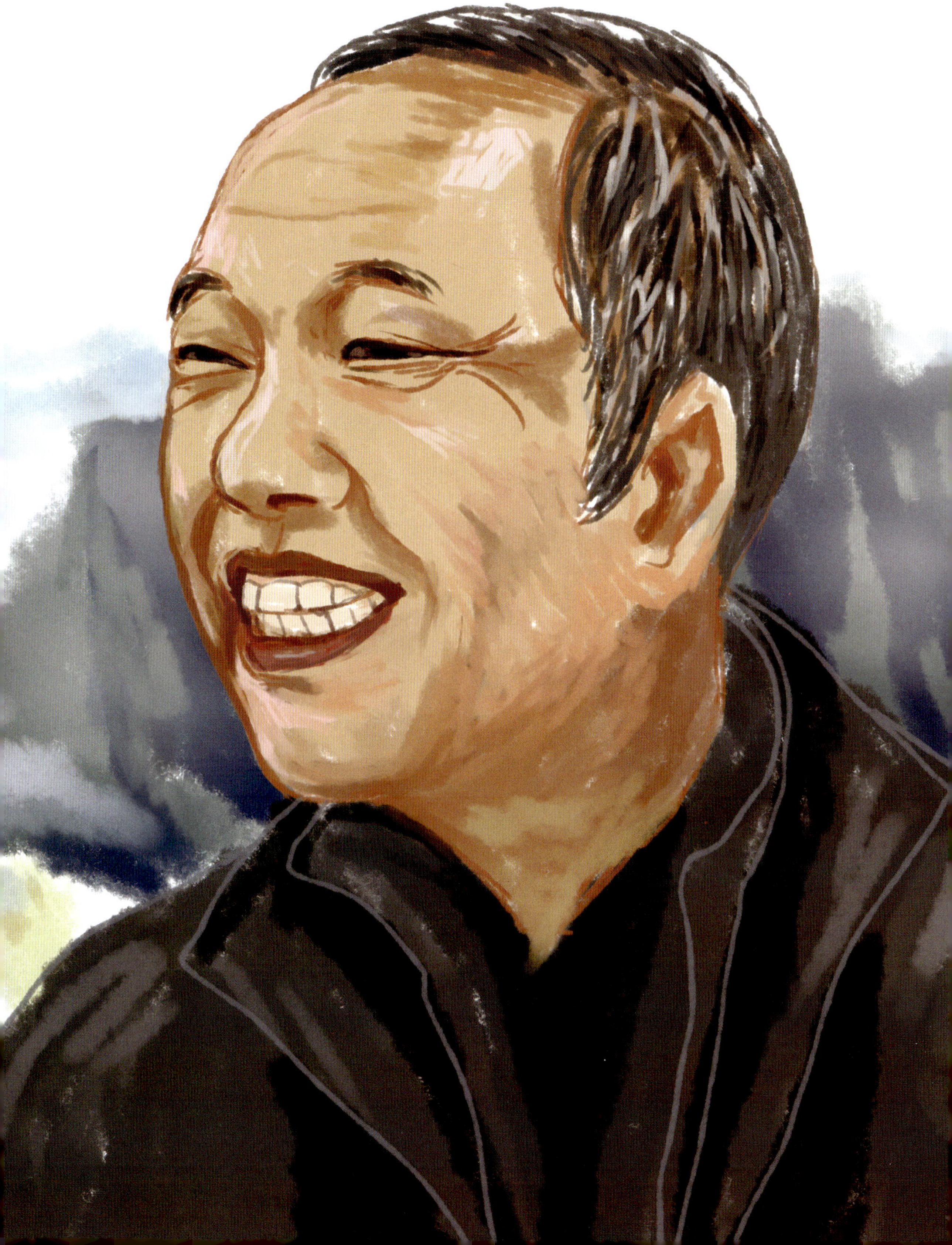

组的同事们知道后，被深深触动，恨不能马上帮助村民们改变面貌。从1983年3月到2016年他去世，30多年间，他的心里就再也没有放下过这片土地。让人欣慰的是，如今的前南峪村已被誉为"太行山最绿的地方"，是河北省山区开发建设的一面旗帜。其中，李保国主持研发并实践的"聚集土壤、聚集径流"理论功不可没。这位太行山上的新"愚公"没有搬走大山，却用科技将贫瘠的山地点石成金。

"我一直认为，干点自己喜欢的事，干成点有益于人民的事，什么时候想起来，都是值得骄傲的。"

2016年4月10日，出差途中的李保国突发心脏病，猝然去世，年仅58岁。30多年的工作生涯里，李保国待在城市的时间很少，他把情怀融进了山林里，把论文写在了大地上，仅为农民举办各种培训就有800多次，培训了9万余人，推广林业技术30多项，完成山区开发研究成果28项，帮扶村庄100多个，累计增加农业产值数十亿，使太行山沟里10万多名贫困农民脱贫致富……

惊闻李保国去世的消息，太行山各地的乡亲们哭着赶来，带走他的部分骨灰，分别撒在了太行山各处。从此，辛劳了一辈子的李保国终于可以好好休息了，也终于有时间好好看一看这片他为之奉献一生的青山绿水！

"铁榔头"拼出中国气概——郎平

"国家荣誉感和使命感早已在我们心中生根。只要国家需要，就是义不容辞，而且要尽最大努力，对国家负责。"

郎平，著名女子排球运动员、教练员，现任中国女排主教练，兼任中国排协副主席，曾荣获"世界最佳教练""全国三八红旗手"和"感动中国人物"等多项荣誉；2002年以全票入选世界排球名人堂，是亚洲排球运动员中获此殊荣的第一人。

1960年，郎平出生于天津。困难年代食品供给匮乏，小时候的郎平，身体素质并未显现出太多与众不同，当时谁也没想到，她最终会长成1米84的大个子。

1973年，郎平被"体育迷"父亲送进北京工人体育馆少年体校排球班。也许是资质太好，两年后她就入选北京女排，1978年更是直接入选国家集训队，并迅速成为主力。这一年，她刚刚18岁。多年后，回忆起这段经历时，郎平说："18岁第一次穿胸前印有'中国'二字的比赛服比赛，国家荣誉感和使命感早已在我们心中生根。只要国家需要，就是义不容辞，而且要尽最大努力，对国家负责。"

为国争光的机会很快到来。1981年，郎平和队友们参加了在日本举行的第三届世界杯女排赛，中国女排七战七捷，干净利落地拿下了世界冠军的奖杯，中国人在三大球领域实现了零的突破。随后，中国女排又迎来了四场更高级别的赛事——1982年世锦赛、1984年奥运会、1985年世界杯，并连续三次夺冠，打出了"中国奇迹"，更打出了"中国精

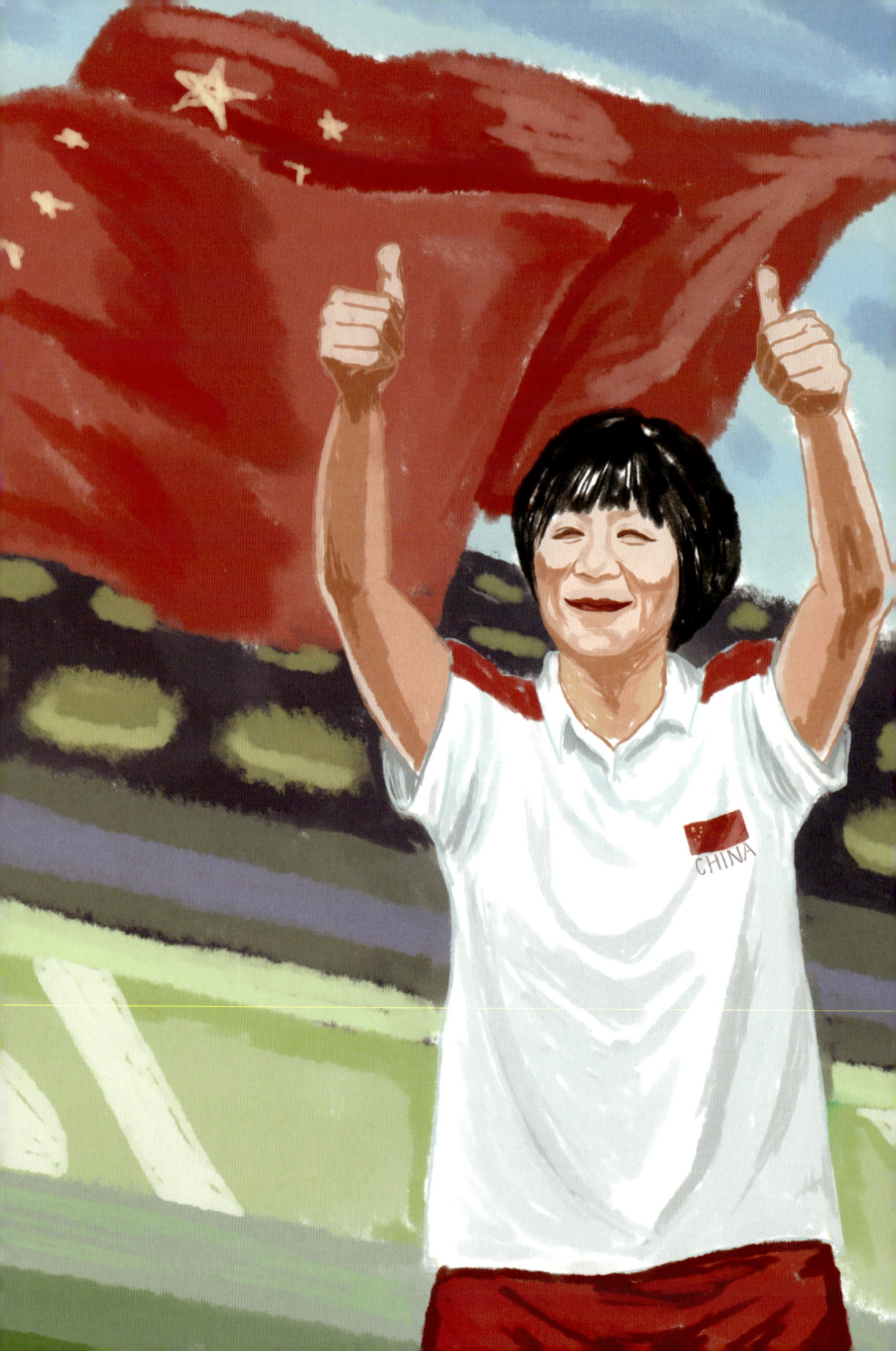
CHINA

神"，成就了中国女排的第一个巅峰时刻。作为核心队员，顽强战斗、勇敢拼搏的"女排精神"在郎平身上得到了淋漓尽致的体现。凭借场上强劲而精确的扣杀、凌厉而迅猛的强攻，她还赢得了"铁榔头"的绰号。

20世纪80年代初的中国，改革开放的春潮开始涌动，人们大多刚从之前的平均主义和"大锅饭"的慵懒中苏醒。突然间，中国女排在国际赛场上频频胜出直至"五连冠"的消息，就像强心剂，引发了国人强烈的民族自信心和自豪感，并一次次带来举国沸腾的盛况。这个在排球竞技中几乎不可企及的成绩，都能被十几个年轻女孩拿下，其他各行各业还有什么理由不能创造自己的奇迹呢？

不是非赢不可，但却不能输了精神；不是必须拿到奖牌，但却必须团结一心，竭尽全力，誓死一拼。很快，"女排精神"超越了竞技，超越了比赛，成为中国人耳熟能详的精神动力，成为重要的时代特征，激励各行各业的人开始拼搏奋斗。一时间，"团结起来，振兴中华"的口号响彻神州大地。

带着一身的伤痛和众多荣誉，郎平于1985年正式退役，结束了运动员生涯。随后，她先后在国内外读书、打球、执教、结婚、生女。1994年，中国女排成绩出现了大滑坡，在这艰难时刻，人们把期盼的目光投向了郎平。而那时的郎平刚刚在异国定居，女儿也只有两岁。但面对祖国的需要，郎平没有犹豫，很快选择回国任教。她说："作为一个人，我们都很渺小。但是当有人代表国家对你说，国家需要你！你还能无动于衷吗？"不久，由郎平率领的中国女排绝地反击，渐渐走出困境，成功夺得了世锦赛亚军、亚运会冠军和奥运会银牌，"铁榔头"的奇迹在教练场上延续。

作为世界顶尖的职业排球教练，多年来，郎平的执教足迹不仅留在了国内，也遍及欧美许多知名女排，为国际间的体育交流与合作做了很多事情，也间接促进了其他国家的排球事业发展。毕竟，体育无国界，竞技运动不应该也不可能故步自封。但还是有人说郎平忙着去赚美金了，不再爱国，甚至说"铁榔头"开始打中国人自己了……对此郎平很少回应，最多只是说："我在美国执教，绝不是为击败中国队。""郎平是属于中国的。无论走到哪里，我时时刻刻记得，我是一名中国人。"

2013年，看到中国女排再次陷入低谷，先是无缘奥运会四强，接着又丢掉了亚洲杯冠军，"铁榔头"急在心上，决定受邀再出山，重新担任中国女排总教练。上任后，她大力推行"大国家队"概念，不断挖掘、栽培新人，积累后备力量，朱婷、张常宁、龚翔宇等新秀在她的培养下渐渐成长为赛场上的新干将。2014年，郎平带领的这支年轻的中国队在不被看好的情况下再夺女排世锦赛亚军，给中国三大球带来了久违的欢腾与惊喜；2015年，中国女排一举拿下世界杯冠军；2016年，里约奥运会客场作战，一路拼杀，逆风翻盘，最终战胜东道主和卫冕冠军巴西队夺冠。中国女排终于重回巅峰。

几十年来，无论做球员还是做教练，郎平始终奋战在世界排球事业的最高端和最前线。"拼搏的人生没有终点。"如今，年龄的增加和多年的伤病都没有令她退缩。她说，只要国家需要，就不会退休。2018年，女排姑娘们在新老队员交替的情况下依然拿到了亚运会冠军和世锦赛季军，而且正在"郎指导"的带领下，斗志昂扬地准备迎接2020年的东京奥运会。对此，不少球迷私下里半开玩笑半当真地说："有'铁榔头'坐镇，我们可就放心啦！"

"得罪很多人"的女纪委书记——王瑛

> "我们是人民的纪检监察官,百姓是我们的衣食父母,我们就得真心为人民服务,零距离为人民服务。"

一个人可以很渺小,也可以很伟大。渺小感常常让我们对身边的人和事感到担心、恐慌甚至无能为力。但是,在感到渺小的同时,如果能在自己的位置上勇敢担当,勇于同困难和压力对峙,并最终取得胜利,你就会发现,原来渺小的自己也可以做出伟大的事情。

王瑛就是这样一位女性。她1961年出生于四川省阿坝州小金县,黑黑瘦瘦的,身高只有一米五几。1997年,她被调到南江县工作,担任南江县县委常委、纪委书记,在这个小县城里,一待就是11年。

纪委书记的职责之一是要监督、检查党员遵守党章、党内法规制度和党纪的情况,难免要经常抓别人的"小辫子",自然也就得罪了很多人,遭遇冷嘲热讽早已是家常便饭,有时甚至还会遇到人身威胁,工作压力可想而知。但王瑛有自己的坚持:"我是得罪了很多人,但我从没得罪纪委书记这个称谓。"

"办理损害群众利益的案件是重点,只要老百姓有反映,我们就要查个水落石出。"2003年3月,一名年轻女性在某派出所的留置室内自杀了。不久,纪委收到一封举报信,举报派出所民警玩忽职守,致人死亡。

在案情分析会上,有人提醒说这件事涉及多个部门的工作人员,并且可能有某些高层参与,是否应付一下就算了。如果真正落实调查,势必牵连广泛,极有可能彻底得罪某些领导,应付一下就结案,既完成了工作，又可高枕无忧。但是王瑛坚决不同意，她坚定地说："不管有多复杂，只要关系百姓利益，就一定要查！而且要严查！"

由于涉案人员具有很强的反侦查能力，调查进行得异常艰难。王瑛带领同事们经过5天5夜的连续工作，终于从几个关键人物身上找到了突破口。然而，随着涉案人员越来越多，威胁也随之而至。有人威胁他们："敢查这个案子，你是不是不想活了？"在一次会上，某领导也指责他们："你们居然敢查这个案子！"但王瑛不仅没有停手，还给压力巨大的同事们鼓劲："自古邪不压正，只要我们坚持查到底，真相终将大白于天下。"两个月后，十几名违法违纪人员全部受到应有的制裁。在案件尘埃落定的那天，王瑛说："我们是人民的纪检监察官，百姓是我们的衣食父母，我们就得真心为人民服务，零距离为人民服务。"

2005年，有人反映某局副局长套取国家资金并私分。这位副局长不仅在当地位高权重，还是市人大代表。由于案情重大，王瑛立刻组织专案组立案调查。查明确有其事后，有人提出："这是专项资金个案，处理不当会影响南江的项目争取。还是大事化小、小事化了为好。"但王瑛严厉地回绝道："我只是一个人民权力的保管员！""国家的专项资金是用来为人民谋福利，不是给个人谋私利的，必须严办！"

几年来，王瑛直接牵头办理的疑难案件、典型案件和大要案件有100多件，为国家挽回经济损失近6000万元。这对于一个县级纪委书记而言，殊为不易。

2006年，王瑛在抗旱前线突然昏倒，送医后发现竟患了肺癌，且被医生告知最多只能活半年。与此同时，一处国有资产因高层人员贪污舞弊，导致出让出现了很大问题。在这个关头，王瑛还是决定严查，有人劝她说："生了病就要为自己留条后路！"但坚强的王瑛没有被疾病打倒，而是重新回到了纪委第一线。

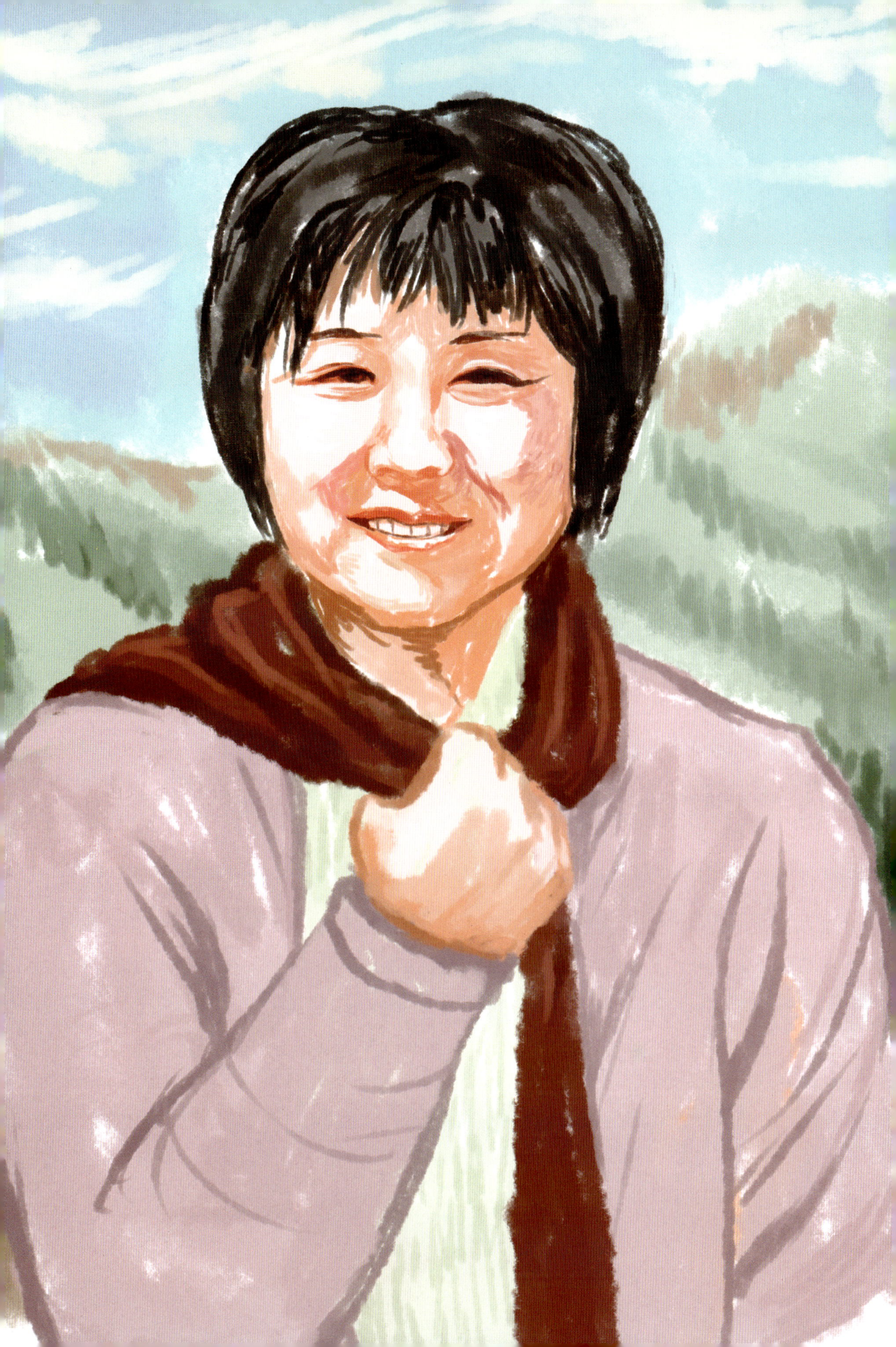

她不仅没有给自己"留后路",还与触犯法律的人"硬碰硬"。随着调查的深入,她终于找出了涉案人员违规出让国有资产并涉嫌受贿的证据,圆满结案。一般人不敢管的案件她主动牵头,别人不敢碰的事件她一查到底,王瑛瘦小的身体里充满了力量。

办起案来硬气十足,可遇到百姓疾苦,王瑛的心却像慈母一样柔软。汶川大地震发生后,王瑛不顾自己虚弱的身体,从医院直接赶往救灾第一线,与群众并肩救灾。灾势平稳后,她又数次进到受灾村镇核查灾情,带头捐款,及时把救灾物资分发给受灾群众。就在去世的前一天,王瑛还专门请机关同志代她去乡里了解灾后重建和贫困群众安全过冬的情况。

2008年11月27日,王瑛的病情再次恶化,在送医途中永远闭上了眼睛,这一天正是她48岁生日的前一天。

普通人能做出伟大的事,是因为心怀伟大。让人能在恐惧时坚持下去的,是心中的梦想。王瑛的梦想是做一名合格的纪检监察官,坚守人间正义。她用自己的切实行动诠释了纪检监察官的内涵,也实现了梦想!

巾帼神警——任长霞

"为了头顶这枚国徽，我无怨无悔。"牺牲 15 年后，任长霞的这句话依然常常被人们想起……

任长霞生于 1964 年，是河南省商丘市睢县人。1983 年从警校毕业后，她来到郑州市公安局，成为了一名人民警察。2001 年，因业务能力过硬、成绩卓著，任长霞由郑州市公安局技侦支队支队长调任登封市公安局局长，成为河南公安系统有史以来第一位女公安局长。

除此之外，在从警生涯里，任长霞还担任过预审科长、法制室主任等职务，且在每一个岗位上都表现突出。尤其在她担任技侦支队支队长之后，短短两年多就先后打掉 7 个涉黑团伙，破获近 300 余起抢劫、杀人等重特大案件，抓获了数百名犯罪嫌疑人。从出任公安局长到不幸牺牲的三年时间里，任长霞接待群众来访 3000 多人次，使数百个老上访户罢访息诉，被群众发自内心地赞誉为"任青天""女包公"！2004 年 4 月 14 日晚，任长霞在办案途中遭遇车祸，因公殉职，年仅 40 岁。

郑州市公安局是任长霞公安生涯的起点，成为技侦支队支队长以后，她领导的打黑专案组以"铁腕治黑"著称，触动了很多不法人员的利益。社会上的一些黑恶势力为了报复，绑架了任长霞丈夫的弟弟，后来又将其扔到马路上示威。任长霞不仅没有因此被吓住，反而更加坚定了打黑除恶的决心——连自己的家人都不能保护，是警察的失职。

赴任登封之后，任长霞的担子更重、压力更大了。在她临行前，领导甚至直接对她说："调你到登封就是我们打黑的第一步棋。"由于历史及现实等诸多原因，登封当时疑案、积案多，控告与申诉案件一直困扰公安机关。任长霞上任后的第一件事就是先去各个派出所"微服私访"，整治警察队伍，从严治警，清掉害群之马；又抽调出几十名精干民警组成"控申专案组"，专门倾听群众的声音；还把每周六定为局长接待群众日，常常一天接待几百位来访者，中午只有20分钟吃饭时间。可即便一天接待十几个小时，来访者还是络绎不绝。几个月后，大量多年积案有了结果，不是成功告破，就是有了实质推进，老百姓们感激不已，纷纷称道"登封来了个女神警"。

其间，智擒登封涉黑成员王松，算是任长霞打黑除恶过程中最艰难也最精彩的一笔。47岁的王松是登封当地人，家里兄弟6个，仗着人多势众，常年横行霸道，欺负群众。他领导的黑社会团伙以黑致富，又以黑养富，有了一定经济实力后，竟向政府部门和政法机关渗透，不仅拉拢、腐蚀党政干部，借此逃避制裁和打击，还颇具讽刺意味地当选登封市的"优秀企业家""劳模"和"政协委员"。多年来，凭借在登封市强悍而复杂的背景关系，王松团伙先后肆无忌惮地造成共3人死亡、2人重伤、10余人轻伤、80余人被殴打的恶劣后果，严重破坏了当地的经济和社会秩序。当听说任长霞要抓王松时，老百姓们既高兴又担忧：高兴的是，王松这个毒瘤终于要被除掉了；担忧的是，任长霞初来乍到，万一斗不过王松……为此，当警方向一位受害人的父亲取证时，他噤若

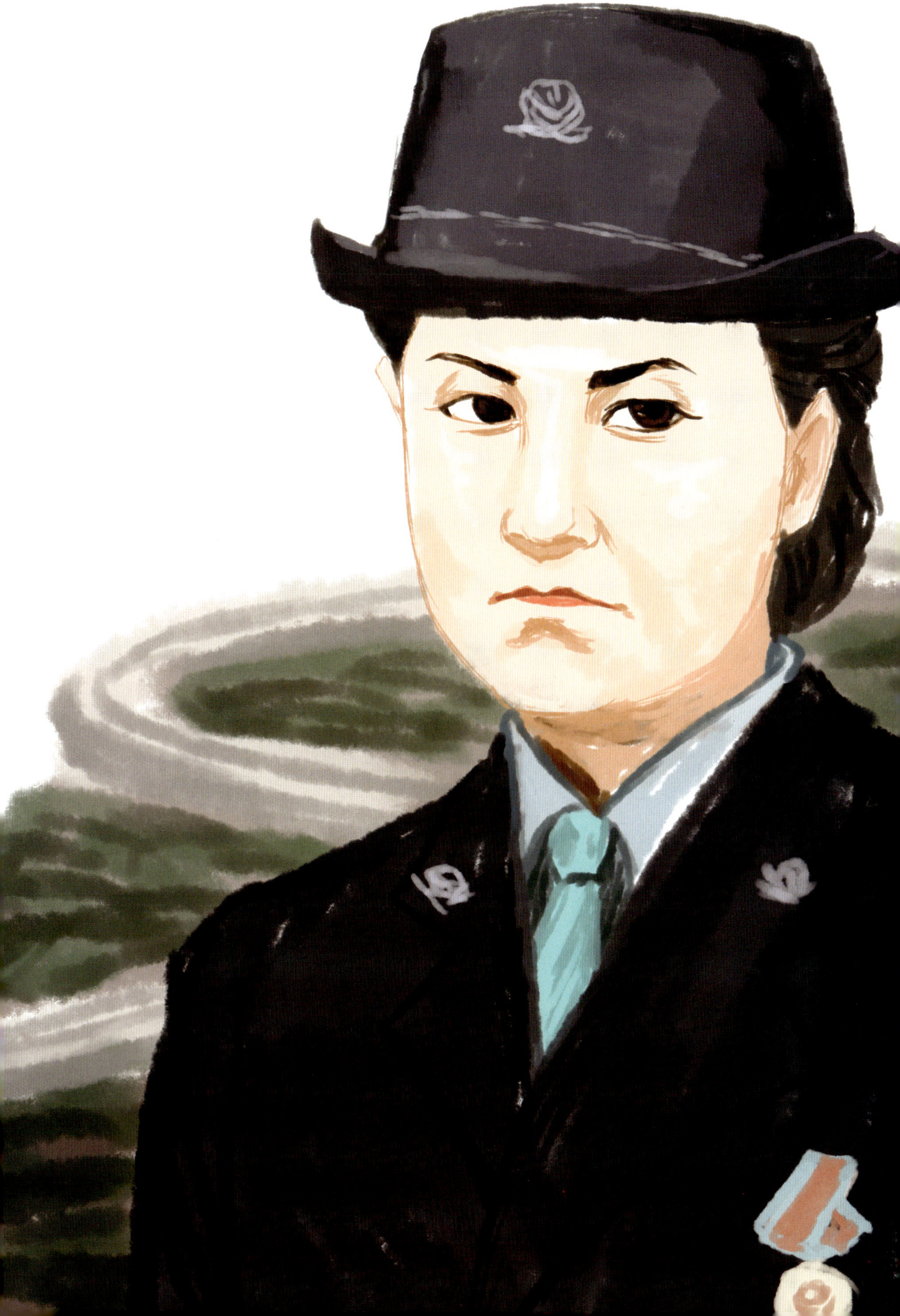

寒蝉，不敢说出真相。

在掌握大量证据、彻底吃透案情后，任长霞真的行动了。她瞅准时机，果断抓捕了王松的爪牙。王松闻讯后，急忙走起了以往的老套路：托熟人介绍，来到任长霞办公室，递上厚厚一沓钞票……结果自投罗网，正好被任长霞当场依计拿下。不久，备受全国关注的河南省登封市王松等55人涉黑犯罪案开审，法律终于还了所有受害人一个公道。此案也创下河南公安史上多个"第一"，被列为2001年中国十大涉黑案件之一。

然而，疾恶如仇的任长霞看受害人的眼神却总是那么柔软和慈爱。局长开放日时，她常常为受害人的遭遇和不幸偷偷流泪，不能自已。小女孩刘春玉因为瓦斯爆炸事故成了孤儿，她知道后立马决定自己出钱承担小女孩的生活费用。在她的帮助和推动下，还有几十个贫困学生得以重回校园，孩子们都感激地称她为"任妈妈"。

她意外牺牲后，登封曾创"万人空巷送长霞"的感人景象，祭奠队伍长达3公里。

"为了头顶这枚国徽，我无怨无悔。"牺牲15年后，任长霞的这句话依然常常被人们想起，而她的墓地，至今依然有很多群众去祭拜痛哭。人们怀念英雄，也是在呼唤人间正道的万古长存！

"活着的王成"——韦昌进

"无论走到哪里,无论做什么,我总要对得起当年战场上倒下的战友。有一些东西必须坚守,我永远是普通一兵,永远不能丢掉自己的6号哨位。"

如果你问爷爷奶奶,他们印象最深的革命影片是什么,很多人一定会选《英雄儿女》。《英雄儿女》是那个年代的经典革命影片,尤其是主人公王成那句"为了胜利,向我开炮"的台词,更是感动了一代人,成为一代人永远忘不掉的记忆。

电影中战火连绵的情形离我们的生活早已久远,英雄王成也已经安眠于那片他誓死保卫过的土地。但王成的精神却并未因此泯灭,反而一直在我们身边生根发芽,发扬光大。

韦昌进,便是当代社会"活着的王成"。

韦昌进出生于1965年,现任山东省枣庄军分区政治委员。作为一个年过半百的中年人,从外表上看,他跟同龄人似乎没有太大区别。但提起他的英雄事迹,很快你就会发现大不同。

在1985年7月19日的云南边陲,一场边境自卫还击战中,韦昌进所在的排负责坚守某无名高地。正面开战前,敌人首先发动了密集的地毯式轰炸,随后又派出数倍于我方的兵力。炮弹如雨点般袭来,韦昌进身边的战友纷纷倒下,有的重伤,有的已经牺牲……在激战中,韦昌进自己也身负重伤,左眼被弹片打中,右胸被穿透,全身二十几处负伤。为了守住阵地,韦昌进拖着血肉模糊的身体给炮兵指示目标,并与炮兵配合着打退了敌人的多次进攻。

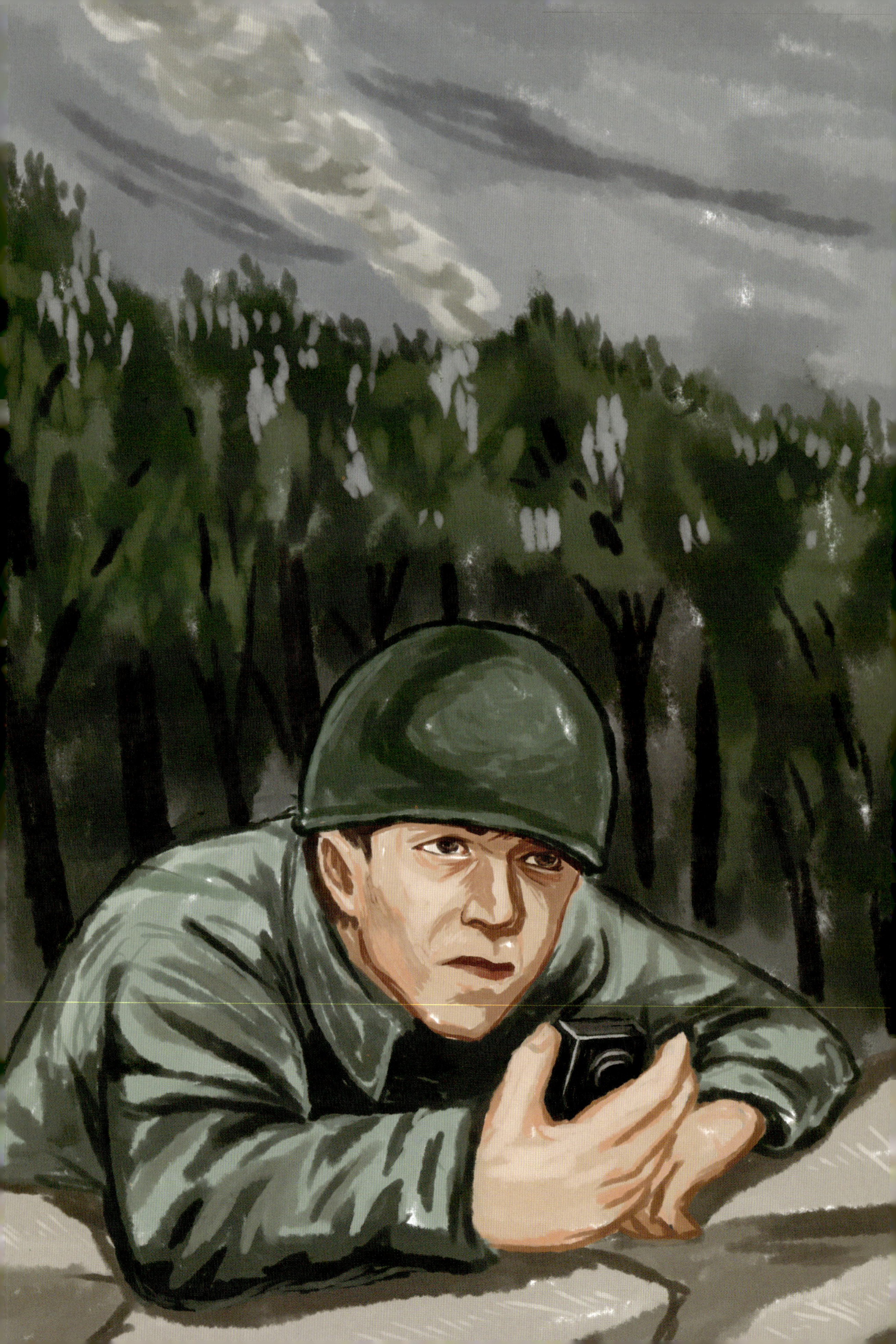

由于韦昌进和几位战友坚守的6号哨位是敌方选定的突破口，因此，即便遭遇了一次次失败，敌人还是一再进攻。韦昌进深知，一旦自己的哨位失守，整个高地就危险了。于是，在这最危急的时刻，韦昌进拿起报话机大喊："排长，敌人上来了，就在哨位周围。为了祖国、为了胜利，向我开炮！向我开炮啊！"

排长急了："韦昌进，这样就把你炸死了啊！"

"是我的命重要还是阵地重要？我已经不行了，敌人就要攻上来了！快打啊！快向我的位置开炮！"

终于，炮弹像雨点般倾泻下来，整个阵地硝烟弥漫……几分钟后，敌人被打败，阵地保住了，但韦昌进却什么都不知道了。他昏迷了7天7夜，左眼彻底失明，四块弹片终身留在了身体里，但幸运的是，他保住了性命。

战场是如此残酷，令人感到悲伤和后怕，但如果时间倒流，韦昌进知道自己还是会做同样的选择："我只是觉得，对准我打，才有可能把上了我哨位的那些敌人打死，或者打下去。"为了祖国的尊严和安危，洒热血，舍性命，他不后悔。

历史不会忘记：年仅20岁的韦昌进在身负重伤的情况下，独自坚守哨位11个小时，引导战友击退敌人8次进攻。他被授予"八一勋章"，是当之无愧的战斗英雄。

身体养好后，韦昌进没有沉浸在鲜花和掌声中，而是迅速把自己隐退回到了普通人的样子，继续扎根于部队基层。虽然不再需要参与前线作战，但韦昌进始终严格要求自己必须做一个好兵。从淄博到济南，从泰安到枣庄，从连队指导员到军校教员，从人武部政委到军分区政委，他在每一个岗位上兢兢业业，以身作则，处处传递着当代军人的正能量。

"无论走到哪里，无论做什么，我总要对得起当年战场上倒下的战友。有一些东西必须坚守，我永远是普通一兵，永远不能丢掉自己的6号哨位。"除了认真工作，30多年来，他一直尽全力接济着战友和他们的亲属，还默默帮助了不少困难家庭和残障儿童。他认为，经历战火与生死考验后，自己的命运跟祖国和人民的命运早已密不可分，自己有义务为祖国和人民奉献自己。

告别战场30多年来，韦昌进一直坚持去不同的部队、学校做报告，近10万人听过他的亲身讲述。他并非想宣扬自己个人的英雄事迹，而是深知自己有义务把当年战友们的感人事迹传播出去，把中国军人舍生忘死的精神传播出去，让下一代知道：今天和平安定的幸福生活真的是千千万万名普通人在以我们看不到的方式付出之后才换得的，"用生命和热血筑起长城"绝非虚言。

2018年，韦昌进又获得了"改革先锋"光荣称号，但这位"王成"式的战斗英雄依旧淡然平静："倍感光荣，深感肩上的担子更重了！我只是祖国钢铁长城上的一块砖，这不是我一个人的荣誉，而是无数保家卫国的军人的荣誉。"

把危险挡在身前，把和平护在身后；模糊个人的一切，放大军装的原色。谁说和平年代的军人中没有英雄，谁说新时代的军人不是"最可爱的人"？！

少年筑梦，三度飞天——景海鹏

"最有希望的成功者，往往不是才干最出众的人，而是能够坚持到最后一秒的人。"

景海鹏，1966年10月出生于山西运城，中国人民解放军航天员大队特级航天员，第一位三次执行载人航天飞行任务的中国人。从"神舟七号"的近3天飞行，到"神舟九号"的近13天宇宙航行，再到"神舟十一号"的33天驻留太空，他实现了一名航天员的惊人飞跃，更实现了一个普通农村少年的梦想：从做篮球运动员到做飞行员，从做飞行员到做航天员，不断突破自己，成为一个了不起的人。

少年时，景海鹏的梦想是做一名篮球队主力。他小学时便入选了学校篮球队，但因为个子太小，很少有上场的机会。于是他在家里的墙上画了一个篮圈，坚持苦练技术。

一次偶然的机会，景海鹏终于上场了。结果在最后几分钟里，他凭借自己苦练出来的技术，不仅追平了落后的7分，还在终场前以一个压哨两分球终结了比赛。

打篮球让景海鹏明白一个道理：只要努力，谁也不比谁差。

高中时，景海鹏在学校宣传栏里看到一名飞行员的英雄事迹。从此，他又有了一个飞上蓝天的梦想。

但是，在第一次飞行员考试中，景海鹏落选了。父亲想让他放弃，但他还是为自己艰难地争取到了再考一次的机会。功夫不负有心人，这次，他成功地被录取为战斗机飞行员。

然而，梦想总是伴随着痛苦和牺牲。在一次训练中，一名战友的战机出了故障，为了不让战机坠毁在小学校园里，他放弃了跳伞的最佳时机，光荣牺牲了。前一天还在一起打篮球的战友，就这样突然离开了。景海鹏万分痛苦，同时也清醒地意识到，原来实现梦想不仅需要随时克服困难、突破自己，更要敢于放弃对自己重要的一切。要成为一个称职的飞行员，为祖国尽一份力量，付出的代价远比想象的大。然而，这也正是梦想的价值所在，很多前辈都已经做到了。

1996年夏，景海鹏被指派参加一项神秘的体检，原来，这是祖国在为航天计划秘密选拔航天员。于是，已经是一名优秀战斗机飞行员的景海鹏又有了一个蓝天之上的新梦想。

经过极为严酷的考核，最终，景海鹏从1500余名飞行员中脱颖而出，与其他13名战友一起来到了航天员大队。

航天员每天的训练十分艰苦，最难以忍受的是离心机训练——坐在高速旋转的座椅上，相当于自身重量8倍的力压在身体上，脸会被拉变形，口水都咽不下去，呼吸完全不畅通。手边就是"停止键"，但景海鹏从未按过。用勇敢和勤奋面对痛苦，是每一个追梦人必备的素质。

模拟失重训练时，景海鹏每次必须身着320斤的训练服潜入水中工作4个小时，训练结束后连筷子都拿不稳。

模拟真空训练时，航天员必须身着航天服在真空低压舱内工作，如果发生意外，根本无法抢救。一次，训练刚开始十几分钟，所有警报就突然响起，航天服内氧气不足！为了不重启低压舱，耽误训练计划，景海鹏在缺氧状态下硬是按照应急预案解决了问题。

就这样，训练了10年，经历了一次次落选和一次次进步，景海鹏终于接到了"神舟七号"飞行任务。

首次飞天就要面临出舱，难度非常之大。而正当景海鹏走出舱外时，飞船里竟响起了火灾警报。警报声连续不断，惊心动魄。战友对景海鹏说："如果真的发生火灾了，你一定要把轨道舱分离，一个人返回，最起码我们乘组能留一粒种子。"景海鹏说："什么是战友？生活中亲密无间，战场上生死与共，三人永不分离！"最后还好是一场虚惊，三人都平安返回了地球。

后来，当"感动中国"节目的主持人问到此事时，景海鹏的回答把所有人都逗笑了："我理解你所说的'回不来'，就是我们像卫星一样绕着地球一直在转；你所说的'回不来'，就是我们永远没有机会在演播大厅和全国观众们见面了呗。"

笑声未停,景海鹏已斩钉截铁地说:"即使我们回不来,也一定要让五星红旗在太空高高飘扬。"

后来,景海鹏又带着自己的飞天梦,两次飞上太空,完成了更加艰巨的任务。

不断点亮梦想、实现梦想,并使自己的终极之梦升华成祖国的荣耀。他的梦想,何尝不是"中国梦"!

少年偶像"小马哥"——马化腾

> 青年创业的最高境界，不在于出名、赚钱，而在于回报世界、改变世界！

马化腾，1971年出生于广东省汕头市，中国家喻户晓的互联网创业名人，深圳腾讯公司董事会主席兼首席执行官。

1993年，从深圳大学计算机与软件学院毕业后，马化腾进入深圳一家通信公司做编程工程师。这段工作经历使他悟出一个道理：软件必须实用，自娱自乐、自我陶醉的软件毫无意义。1998年，站在第一份工作收获的专业技术、市场灵敏度以及管理认知的起点上，刚刚从股市赚到了人生第一桶金的马化腾与同学张志东合资注册了深圳腾讯计算机系统有限公司，从此上演了至今仍在火爆延续的"腾讯"传奇。

得益于改革开放的大环境，20多年来，腾讯公司从一个仅有5人的小企业快速成长为全世界最具影响力的互联网公司之一。

像大多数创业公司一样，腾讯最初的探索无比艰难。马化腾自己既当销售，又当工程师，且成立不久就资金紧张、官司缠身。

1999年2月，马化腾跟伙伴们开发的一款聊天软件OICQ受到用户欢迎，注册人数疯涨，在很短的时间内就增加到几万人。可问题也很快来了：随着注册人数的增加，服务器不得不扩充，而一两千元的服务器托管费对当时的公司而言是一笔捉襟见肘的开销。同时，由于OICQ是仿照另一款聊天软件ICQ设计的，腾讯因此遭遇官司，败诉后不得不停用OICQ这个名称，更名为QQ。谁也没有想到，正是这款以"小企鹅"

为形象的腾讯QQ软件，日后竟成了改变中国人生活方式和沟通习惯的"时髦工具"，并一度获封"国民软件"。很多中国人正是通过腾讯QQ完成了自己人生的第一次"触网"。

"互联网将连接一切。"这是马化腾的名言。

2000年4月，QQ用户注册量已达500万，公司却再次面临严重资金困难——软件卖不掉，用户增长却很快，运营QQ所需的投入越来越大。马化腾只好拿着改了6个版本的20多页的商业计划书四处筹钱，最终艰难地获得了第一笔投资。之后，一直找不到盈利模式的马化腾又经历了一段时间的迷茫，直到2000年底中国移动推出"移动梦网"——运营商可以通过手机代收费。从此，腾讯进入高速发展和大幅盈利的阶段。2004年6月16日，马化腾带领腾讯在香港交易所主板挂牌上市。

2011年1月，随着智能手机的普及，腾讯又敏锐迅捷地推出了另一款免费应用程序——微信。2017年底的统计数据显示，微信月活跃用户已突破10亿，拉动信息消费规模达2000多亿，且自2014年以来年均增长超30%。同时，微信不仅使上至80岁老人、下至10岁孩童的生活朝着更加便利的方向发展，而且在推动互联网、人工智能、大数据等技术与实体经济融合，带动传统消费以及社会就业等方面产生着不可估量的价值。

马化腾，这个70后"创业小哥"，就这样打造了一个庞大的"腾讯帝国"，为中国人创造了全新的沟通方式，变成了全世界青少年创业者追捧和效仿的神人"小马哥"。

然而，"神人"首先是凡人，与众不同的是，他们总能在平凡的日子里怀着一颗不甘平凡的心和一股不肯妥协的劲儿，同时能在鲜花和掌声中保持清醒、坚持本色。世界著名财经杂志——《财富》杂志这样评价马化腾："他是中国最富有的人之一，也是中国最低调的富豪之一，他

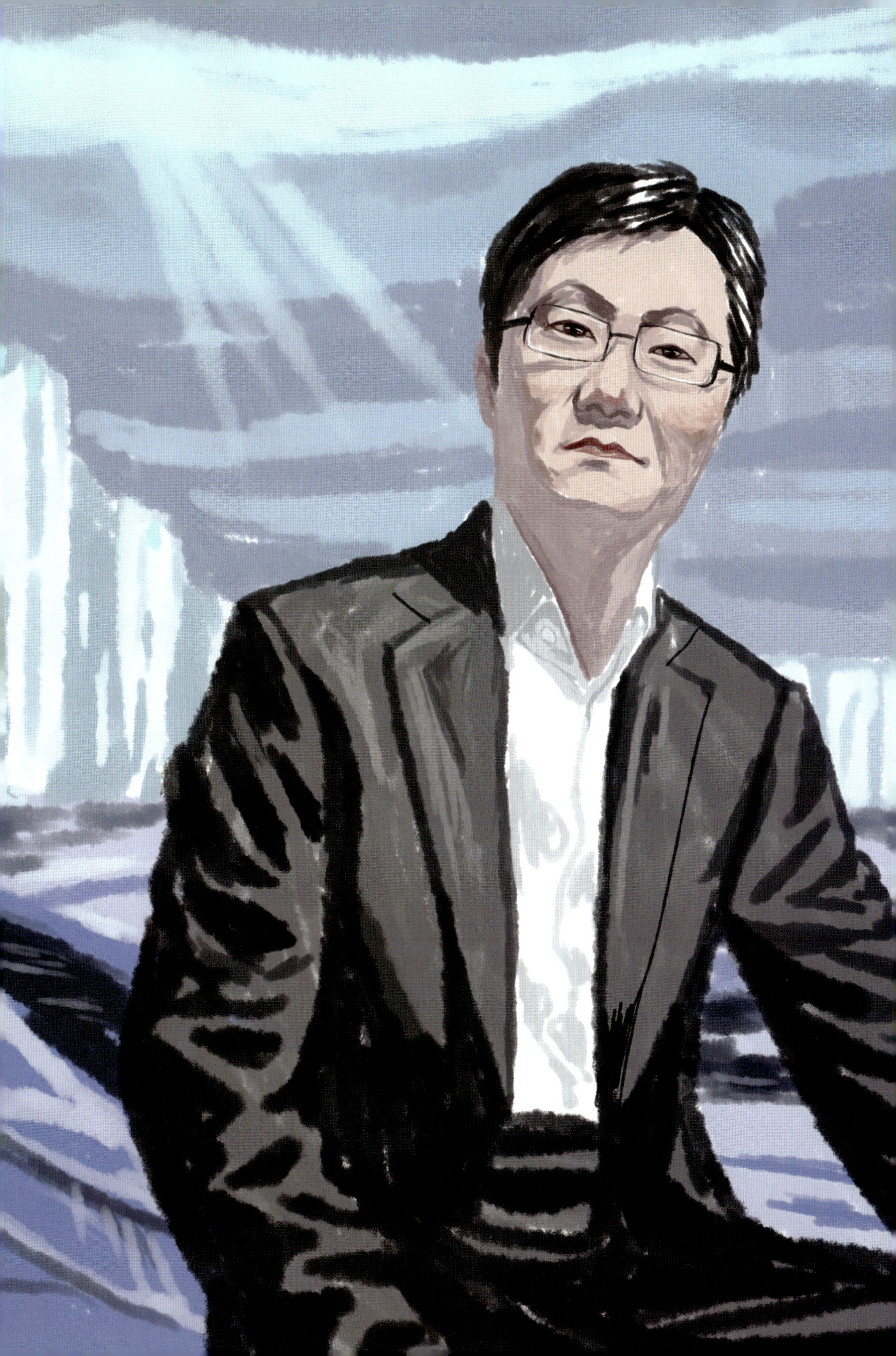

创造了中国最大的网络公司。"熟悉马化腾的人都知道，他不仅低调，而且谦和、包容。有人说，腾讯原始创业团队长期稳定而又默契合作的情形在中国民营企业界很少见，这显然与马化腾本人的性格、能力和气质密不可分。

  2016年4月18日，马化腾宣布捐出价值约165亿港币的一亿股腾讯股票，用以支持以中国内地为主的医疗、教育、环保等公益慈善项目以及全球前沿科技和基础学科的探索。青年创业的最高境界，不在于出名、赚钱，而在于回报世界、改变世界！

"我是导游，先救游客"——文花枝

> 身为一个普通人，对自己的角色、岗位要有清醒的认识和高度的认同。如果每一个普通人都可以像文花枝那样尽职尽责，问心无愧地扮演好自己的平凡角色，这个世界又怎能不美好！

文花枝，湖南湘潭的一名普通导游，出生于1982年，是一名典型的"80后"。与你我略有不同的是，23岁那年，她经历了一场严重的车祸，也正是她在这场车祸中的所作所为，使人们看到了这个容颜美丽的年轻女孩内心深处更加美丽的东西，那就是职业的操守和人性的光辉。

2005年8月28日，文花枝带队的旅游团在游览的途中与一辆大货车相撞，导致6人死亡、14人重伤、8人轻伤，其严重程度可想而知。

当时，由于撞击力量过大，旅行团的中巴车被撞得后退了三十多米才停下，大货车的车头直接撞进了中巴车车厢，车厢里的所有乘客都被夹挤在座位中间。现场惨不忍睹，哭声与呻吟声交杂，血腥和死亡相伴。在这危急时刻，身受重伤的文花枝强迫自己冷静下来，第一时间报警求救，及时通知旅行社，然后在等待救援的时间里，不顾伤痛，尽力安抚、鼓励受困游客。虽然多次昏迷，但每次只要稍一清醒，文花枝就又赶紧咬牙打起精神来，继续为大家鼓劲、加油。

其中一名游客回忆起当时的情形，直说惊心动魄，心有余悸。在他多次挣扎还是无法脱身，已经准备放弃的时候，他听到了导游文花枝微弱的声音："叔叔伯伯阿姨们，你们不要怕，救我们的人就要来了，要坚持啊！""挺住，加油！"……就是这个声音，鼓舞着大家在濒临绝望时没有放弃，最终坚持到救援的到来。

救援人员赶到后发现，文花枝的座位在车门口第一排，而且伤势严重，所以决定先救她出去。但这个看似柔弱的女孩却坚决不肯，在生死关头仍然心系游客，没有忘记自己的职责。"我是导游，后面是我的游客，先救游客！"

直到确认车上没有其他乘客后，她才同意让救援人员将自己抬下车。此时距事故发生已过两个多小时，文花枝的伤口因耽误了宝贵的救治时间，受到严重感染，医生不得已进行了截肢手术，从此，文花枝永远失去了左腿。

在这场事故的幸存者中，文花枝是受伤最严重的一个，全身多处骨折，危在旦夕。可救援明明近在咫尺，她却能忍住疼痛，忍住求生的本能，在生死关头将生的希望留给游客，将死的危险留给自己。所言所行，感人至深，也令很多人自愧不如。人们因此称她为"最美导游"。可她却说："我就是一名普通导游，做了自己该做的事！""所有的荣誉都是对模范精神的肯定，我只是幸运地成了载体。"美丽的文花枝善良得让人心疼，也理智得让人敬佩。

在最好的年华里遭遇横祸，一夜致残，文花枝当然哭泣过、痛惜过，但流泪之后，她选择继续坚强。"即使少了一条腿，我也会坚强地生活，用微笑面对一切。"

经历了漫长且艰辛的康复过程后，文花枝开始了新生活。她顽强、乐观、勤奋的样子不仅让自己很快找到了人生的新支点，也感染了身边的每一个人。她重回校园，进入湘潭大学继续学习旅游管理，2013年硕士毕业后成为湘潭市旅游局的一名职工——她希望褪去各种荣誉光环，为大家做点实事。比如，积极促进残疾人公益旅游项目的开发；为党校培训班学员上党课；深入校园，现身说法做报告，呼吁大学生加强自我思想道德建设；作为扶贫专干进村挨家走访，用亲身经历鼓励贫困户燃

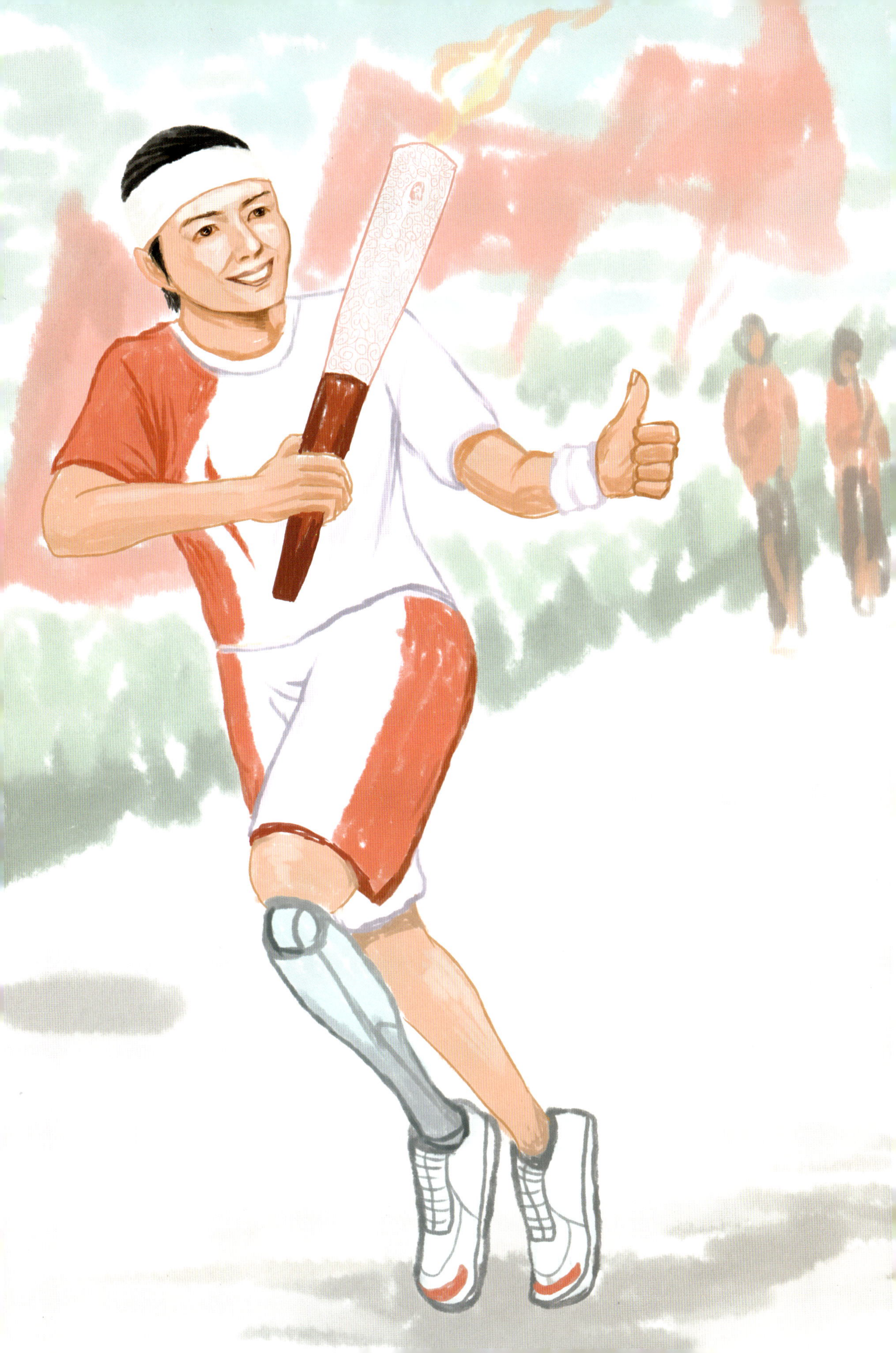

希望、长精神，想办法过上好日子……如今，她帮扶的那个村通过开发天然优势，把旅游业发展得很是红火，村民收入不断提高。

　　2006年，文花枝获得"全国三八红旗手""全国五一劳动奖章"等荣誉；2007年，当选为全国道德模范；2008年，参加奥运圣火韶山段的传递；2012年，文花枝以湖南省人大代表的身份出席了党的第十八次全国代表大会……一个出生于普通农家的年轻女性，收获了很多人一生都无法企及的社会认可与荣誉，但同时也忍受了很多人一生都不会遭受的伤病与痛苦。

　　从"最美导游"到人大代表，从在校学生到扶贫专干，一路走来，文花枝的人生看似充满意外和偶然，实则偶然中又不乏必然。同样的经历发生在不同人的身上，结果可能大不相同。文花枝给我们的启示在于：身为一个普通人，对自己的角色、岗位要有清醒的认识和高度的认同——是学生，天职就是努力学习；是导游，天职就是服务好游客；是官员，天职就是做好"人民公仆"。如果每一个普通人都可以像文花枝那样尽职尽责，问心无愧地扮演好自己的平凡角色，这个世界又怎能不美好！